“がんばり筋”を
ほぐせば
おなかも脚も
細くなる!

骨格矯正
ピラティストレーナー
miey《ミー》

“筋肉”を整えれば しなやかにやせられる

はじめまして。骨格矯正ピラティストレーナーのmiey《ミー》です。

やせたくて必死にトレーニングしたのに
理想とはほど遠いムキムキ脚に！
どうしたら、モデルさんのようなスラリ脚になれるの……？
と悩んだことから、私のボディメイクは始まりました。

筋肉や骨格の仕組みを猛勉強した結果たどりついたのが
「筋肉のバランスを整えれば、細くなる」という結論。
ボディラインを整えるために、まずするべきは筋トレじゃなかった。
負荷がかかっている筋肉と、使われていない筋肉のアンバランスを、
ほぐして正すことが、ボディメイクの第一歩だったのです。

この方法で、スリムでしなやかなボディラインへつくり変えることに成功！
運動ぎらいな人も、硬くなった筋肉をほぐすだけで
サイズダウンできると、自信をもって言えます。

あなたがなりたい体、いっしょにつくっていきましょう！

〝筋ほぐし〟ってどんなもの？

〝筋ほぐし〟は、姿勢や
日常の動きのクセのせいで
負荷がかかっている筋肉＝がんばり筋を、
呼吸やストレッチエクササイズで
ほぐすなど、
筋肉のバランスを整えるメソッドです。
筋トレやジョギングのように、
つらさやキツさはなし。
運動習慣がない人も、
ラクラク取り組めるのも魅力です。

＼ “筋ほぐし”でこんなボディに変わる！ ／

POINT 1

ムキムキとは無縁 女性らしい **しなやか** なボディに

がんばり筋をほぐすことで、眠っていた体の芯のインナーマッスルが動き出します。内側からボディラインが引き締まり、しなやかなメリハリボディに！　むくみやハリも取れてスッキリ。また、表層（アウター）の筋肉が大きくなる心配もありません。

POINT 2

食べすぎても もう太らない **やせ体質** に変わる

姿勢を保持するのに使われるインナーマッスルが動きやすくなるのもメリット。姿勢を保つ筋肉は、一度目覚めてしまえば勝手に24時間働き続けるので、基礎代謝がアップ。少々食べすぎてもエネルギーを燃焼できる、太りにくい体質になります。

POINT 3

尿もれ、便秘、不眠…… **不調** もみるみる改善

筋ほぐしをすると、骨盤の下で腸を下支えしている骨盤底筋群が働きやすくなります。それにより尿もれや便秘も解消。ほかにも疲れにくい、かぜをひきにくい、よく眠れるなど、体調面でうれしいメリットがいっぱいです。

POINT 4

筋トレ効果 が 早く確実に出る

いきなり筋トレをすると、張っている筋肉が邪魔をして、狙った筋肉を刺激しにくいのが難点。あらかじめ筋ほぐしをしてから筋トレすることで、効果は何倍もアップします。けがや痛みを予防できるのもメリットです。

はぁ～また太ったな…
ダイエットしなきゃ…
万年ダイエッター&リバウンダーポチャ子
腹筋!!
きっつ～～!!
ハァハァ
汗の海
クゥ～～ッ
スクワット!!
地獄の3か月を過ごした結果…
な なんで こんな体に…!?
全然きれいじゃない!!
肩こり
全然くびれてないウエスト
ツラい腰痛
ひざ痛
ダイエット前より立派になった太もも&ふくらはぎ
あこがれのm-eyさん…
bodymake
はぁ…こんな美ボディになりたいのに…
もういい!やけ食いよ～!
え?
えーん
ちょっと待って!!
POP CORN
BIG
ポテト

あきらめないでー!!
トゥッ!!
あなたはmieyさん!?
どうしたらmieyさんみたいな体になれるんですかー!!
バーン
ペタ腹
くびれ
プリッとヒップ
スラリ足
私すっごいがんばったのにやせないんですぅ〜!!
キャー
ポチャ子さんはあることをしていないせいで
せっかくのがんばりがムダになっているの!
それは
〝筋ほぐし〟!!
私も昔はそのことに気づかずダイエットに失敗したことがあるのよ
えー〜っ!!
mieyさんも!?

miey's Diet History

miey's Body Data

身長 159cm

体重 43kg

体脂肪率 21%

　結婚前は44kgだった私。産後、9kgも増えて締まりのなくなった体が悲しく、以前の姿に戻りたいと、ダイエットを開始しました。

　トライしたのは、いっさい糖質をとらなかったり、脂質をカットしたり。あるいは18時以降は水も飲まないなどの無茶な食事制限。運動は、ジョギングやダンスDVD、ひたすらジャンプなど手当たり次第。その結果、11kg減に成功しましたが、やせた

2枚とも体重はほぼ一緒!!

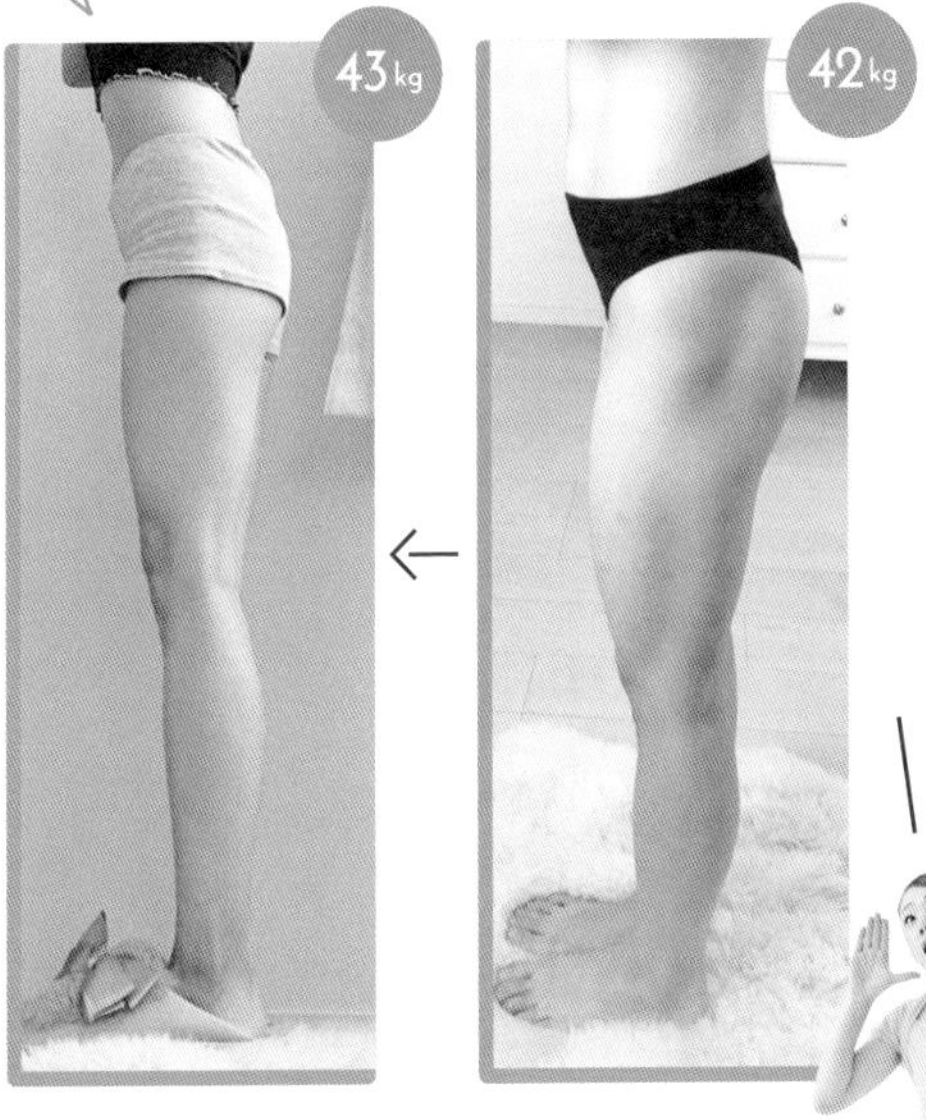

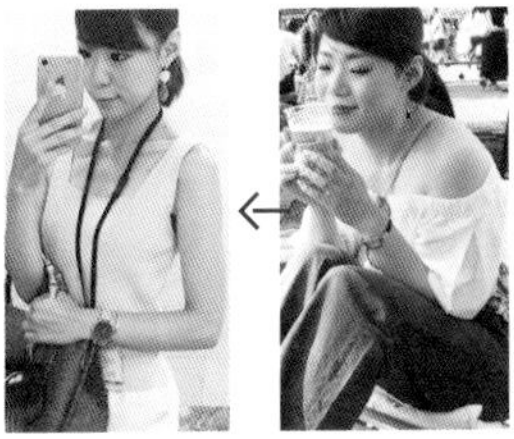

ハードなダイエットで11kgやせて上半身はスリムになったけれど、太ももはかえって太くなってしまった!

らなれると思っていたモデルさんのようなスタイルとはまるで別もの。上半身はガリガリなのに太ももは男性アスリートのようにムキムキで、脂肪もつきまくり。便秘や肌あれもひどく、「こんなはずじゃなかった」体になってしまったのです。

　そこで初めて、筋肉や骨格のことを勉強しようと決意。ピラティスにたどり着き、「体は全部つながっている」と知ることができました。脚やせしたいなら、脚だけ鍛えてもダメ。脚の筋肉のハリをほぐしてから、脚に負担がかからないような体幹をつくることが大事だったんです。

　そこで有酸素運動をやめて、筋肉のアンバランスを整えたら、みるみる太ももがほっそり、くびれもくっきり。なりたいボディラインへつくり変えることができました。がんばり筋をほぐすことから始めるｍｉｅｙ式ボディメイク、ぜひお試しください!

ところで…
〝筋ほぐし〟って何ですか？
筋肉はほどよく使われて伸びて縮んでポンピングされているのが理想的なのね
のびのび働けるわ～
ところが姿勢が悪いと　いつも負荷がかかる「がんばり筋」と使われない「なまけ筋」ができてしまうの
スコープ
例えばポチャ子さんはもともと前ももばかり使いすぎているね…
何それ!?
筋肉が見えてる!?
パツ
パツ
私たちがんばり筋
イエーイ♡
ふだんから使っている「がんばり筋」を鍛えたから太ももがゴツくなっちゃったの
うわ～
そして太ももががんばり筋になると　お尻の筋肉はなまけてしまいがちなの
オレたちなまけ筋
休もうぜ～～
ダル～～ン
前もものヤツにがんばらせておけばよくね？　ZZZ…
そのせいでいくら筋トレしてもお尻が垂れたままなのね!!
コラー!!
起きろー!!

でも私お尻の筋トレもしてましたよ?
スクワット中
キッツ〜〜
わーい!!
zzz
いきなりスクワットをしてもダメ!前ももで動くのがクセになっているからお尻はなまけっぱなしなの
ちゃんと働きなさいよ〜!!
ヤーダーヨー
どうしたら美ボディがつくれるの〜!?
ケンカはやめて〜!!
ヤー!!
だから筋ほぐし! がんばり筋をほぐせば筋肉のハリが取れてサイズダウン!なまけ筋も働くようになるよ
ほぐれろ〜
じゃあその分オレたちが働くか!!
ふぅ〜♪
その上で筋トレをプラスすれば美ボディ効果は最強!!!
1か月で結果を出した生徒さんもいるのよ!!
気持ちいい〜♡
グイーン
私もやります!!
一緒にやっていきましょー!

筋ほぐしでボディライン激変！

成功者リポート

※mieyのサロン生として、適切な食事&運動指導と併せて実践した結果です

ママ友が私と気づかないほど変化！ 24kgもやせました

Fuuさん（30代・身長169cm）

体重 87.7kg 体脂肪率 31.8%

7か月で

体重 -24.1kg

体脂肪率 -8.5%

体重 63.6kg 体脂肪率 23.3%

やせて心も前向きに。ファッションも楽しんでいまーす！

トランポリンなど、ダイエット用品を買ってもらっても三日坊主でした。今回買ったのはボールやゴムバンドなど100均グッズばかり。主人も大喜びです。

背中のハミ肉もなくなりウエストにはくびれが！

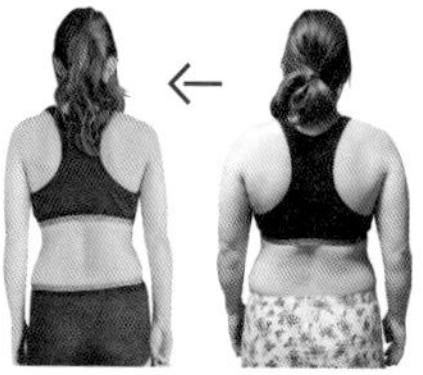

ダイエットしてもムキムキになるばかり

万年ぽっちゃり体形。入隊系ダイエットDVDでやせたとき、「むしろガタイがよくなった」といわれ涙。体重が減っても見た目は太いままと、体形を諦めていました。ところがコロナ禍のステイホームで体重が90kg目前に！ 子どもたちに「ママ、早死にしちゃう」と心配され、ダイエットを決意。

2週間でおなかがスッキリし始めた

mieyさんのエクサは体をほぐしてから筋トレするので、効かせたい筋肉に刺激が届くのを実感できます。また、呼吸や意識する場所を変えるだけで、効き目がグンと高まるのもおもしろい！ 2週間続けただけで、おなかまわりがスッキリ。1か月後には、パッと見てわかるほど全身が引き締まりました。

半年で別人レベルのスリムボディに

その後、半年で20kgやせ、久しぶりに会ったママ友には「誰だかわからなかった」と驚かれました。肩こりや偏頭痛もなくなり、朝スッと起きられるように。苦手だった写真も克服。家族で写真を撮ることも増えました。「やればできる」と自信がつき、自分を好きになれたことがいちばんうれしいです。

O脚が直って姿勢もきれいに5kg減の数値以上に見た目やせ♪

ほちゃんさん（30代・身長162㎝）

2020年5月

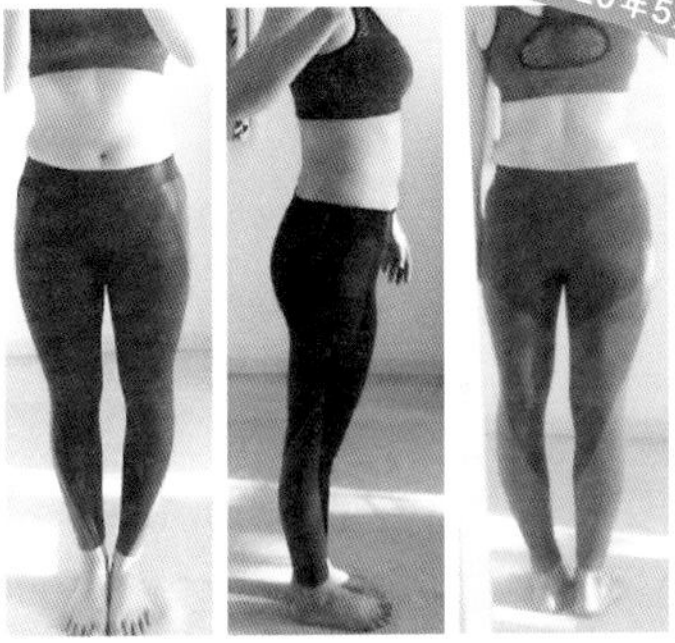

体重 58.8kg　体脂肪率 32.0%

7か月で

体重 -5.3kg
体脂肪率 -4.5%

2020年12月

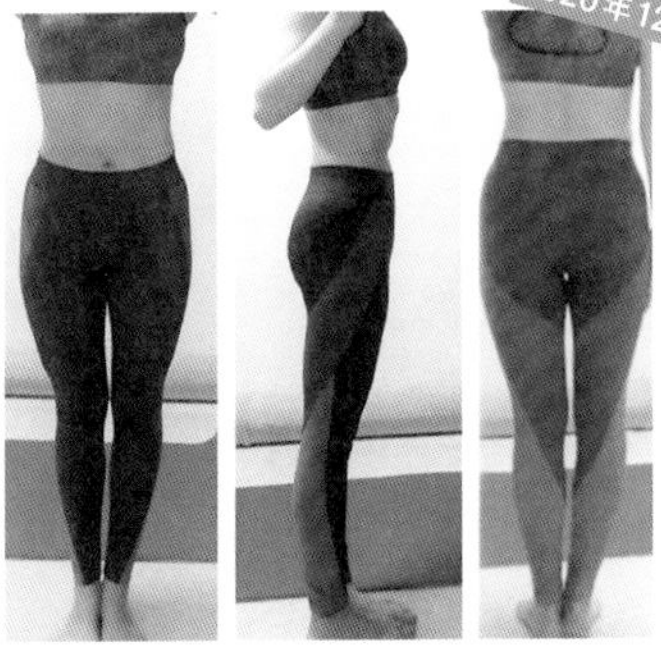

体重 53.5kg　体脂肪率 27.5%

「宅トレ部」に参加。Zoomで集合し、mieyさんの動画を見ながら一緒にトレーニングしています。

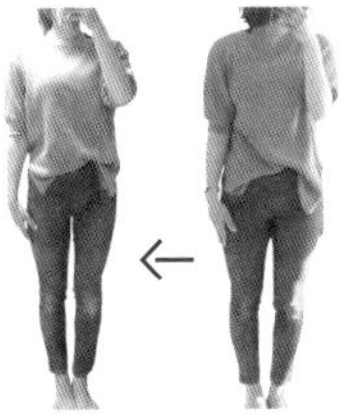

プロポーズ（P.38）で太ももがスッキリ。脚が細くなったのは一目瞭然。また、巻き肩が直ったことでサイズは一緒でも、バストアップして見えます。

食べたいものはがまんしない！
週末はビールも解禁

ダイエット&腰痛改善を目標にスタート

３人目を出産後、産後太り&育休中に体重が58kgを突破。段々になった下腹もコンプレックスでダイエットを決めました。筋肉のなさを実感していたのと、運動不足が原因でひどい腰痛に悩んでいたことから、筋トレを決意。mieyさんの「#1週間美背中チャレンジ」に参加してみることにしました。

開始１週間、筋ほぐしで背中やせに成功

やっていたのは、スマホ首や巻き肩を直す筋ほぐし。ラクだったので効果は半信半疑でしたが１週間で明らかに肉が落ち、腰痛も改善。「続けたらすごいやせそう」とサロン生を継続。職場復帰してからは一日20～30分程度しかできませんでしたが、リバウンドすることなく、少しずつやせていきました。

40kg台だったときよりやせ見えしている！

２人目を出産後、キツい糖質制限で49.5kgまでやせた経験が。現在は50kg台ですが、体は当時以上に引き締まりました。体重よりも見た目がスリムならそれでよし。お尻や背中の筋肉が弱いから腰が痛くなるなど、mieyさんのエクサを通して全身がつながっていることを学べたのも大きな財産です。

2か月でおなかやせし血圧や血糖値が正常に！

きんぎょさん（30代・身長160cm）

mieyさんはやせる仕組みから教えてくれるので、納得して取り組めます。

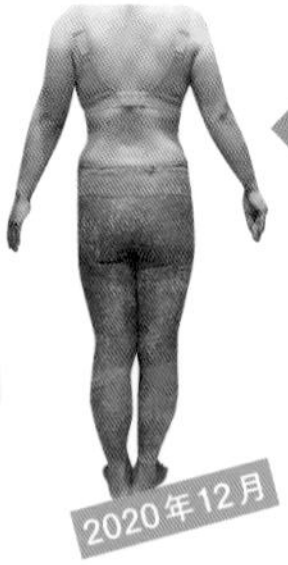

体重 62.8kg
体脂肪率 31.7%

2か月で

体重 -4.9kg
体脂肪率 -5.3%

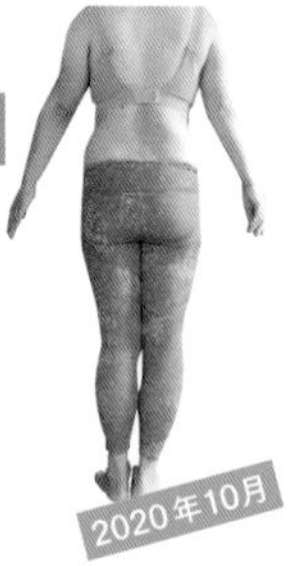

体重 67.7kg
体脂肪率 37.0%

体育以外の運動経験ゼロでもやせられる!?

健診で血圧や血糖値が要観察になり、やせなきゃ健康的にマズイとサロン生に。とはいえ運動経験がなく筋トレは不可能。一日6000歩歩くこと＆３回空腹を感じること＆前ももと裏ももの筋ほぐしからスタートしました。

筋肉をほぐすだけでやせたことにビックリ

筋ほぐしだけでおなかがやせ始めて、２か月で健診項目はすべて正常値に。スーパーの中を必要以上に歩く、おつまみをからあげから枝豆に変えるなど、無理のない範囲の運動＆食生活＆筋ほぐしを続けていくつもりです。

運動ぎらいの40代でも4か月で8kg減！

mochiさん（40代・身長163cm）

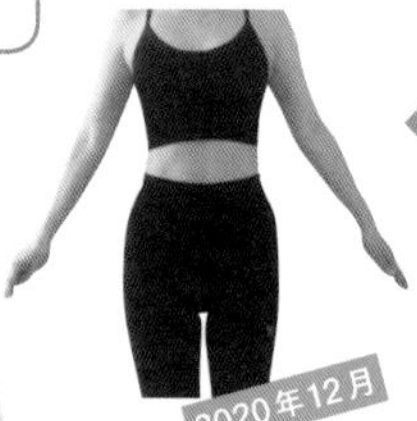

体重 52.8kg
体脂肪率 26.9%

4か月で

体重 -8.5kg
体脂肪率 -5.1%

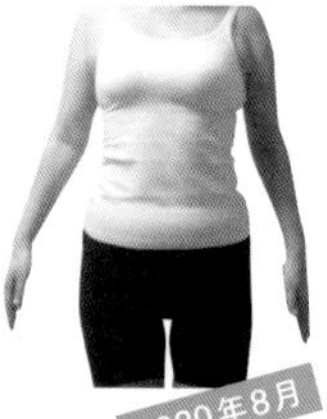

体重 61.3kg
体脂肪率 32.0%

変化が早いからエクサが楽しい！

ダイエットを試して、少しやせてはリバウンドをくり返してきましたが、60kgを超えたことで本気になり、サロン生に応募。20分程度の筋ほぐし＆筋トレを週４回。これだけで１か月後にはおなかがへこみお尻もアップしました。

体が柔らかくなり筋力もアップ

最初はプロポーズ（P.38）で手が届かず、正しいプランク（P.76）は10秒で手首が折れそうでした。続けるうちに、体が柔らかくなるのに比例して、筋トレも回数や時間をこなせるように。肩こりが治るなど、体調も絶好調です。

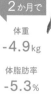

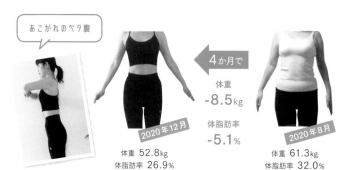

人生で初めて体脂肪率30%を切りました

yossyさん（30代・身長162cm）

育児のすき間にトレーニングしています！

体脂肪率が30%を切った！

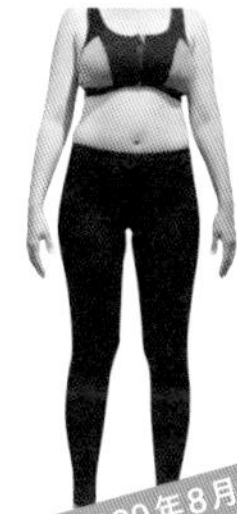

2020年8月

体重 61.0kg
体脂肪率 34.3%

5か月で

体重 -7.2kg
体脂肪率 -5.3%

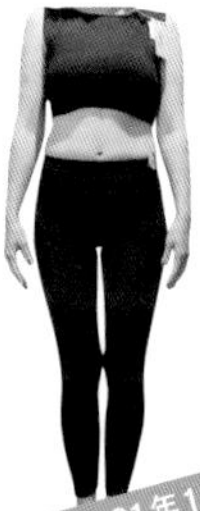

2021年1月

体重 53.8kg
体脂肪率 29.0%

3人目出産後 体重が戻らない！

高校時代から過食気味。当時から体脂肪率は30%台でした。太め安定だった体重が3人目を出産後、66kgまで増加。糖質オフやランニングなどをしても、60kg以下にはならず、プロに見てもらおうとサロン生に応募しました。

最小限のエクサで 効率よくやせられた

授乳中で食事制限はできず、育児で生活が不規則なため、エクサができない日も。それでも夢の体脂肪率20%台を達成できたのは、mieyさんのメソッドが効率的だったから！　一生の習慣にしていくつもりです。

気持ちよく体をほぐして4か月で10kg減に成功

よーこさん（40代・身長161cm）

体重は順調にダウン！

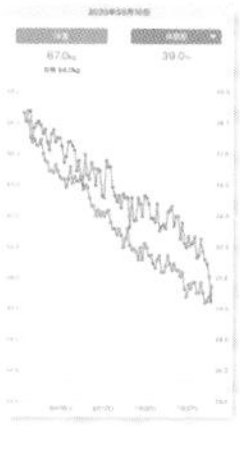

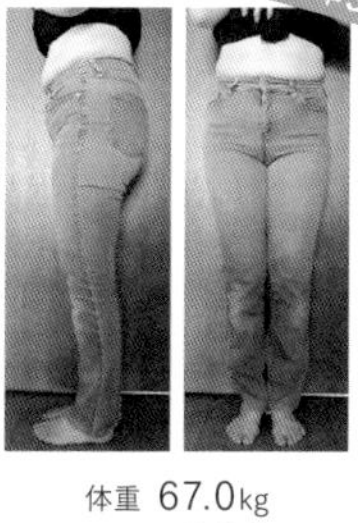

2020年5月

体重 67.0kg
体脂肪率 39.0%

4か月で

体重 -10.6kg
体脂肪率 -7.5%

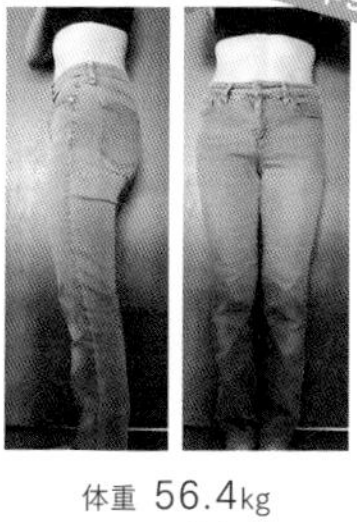

2020年9月

体重 56.4kg
体脂肪率 31.5%

食べすぎの運動ぎらいで 体脂肪率39.0%に

デスクワークで運動ぎらいの私。2人目出産後体形が戻らず、体脂肪率は39%に。着られる服はマタニティウェアだけ。テレワークになった主人と一緒に食事見直しのダイエットを始めたのをきっかけにサロン生に応募しました。

始めて1か月で おなかがスッキリ

エクサは子どもの昼寝中に10分だけなど、細切れ。筋ほぐしやマッサージが多いので、気持ちよく楽しんだ感覚です。それでも1か月後にはおなかがへこみ、ジーンズに乗っていた肉が消滅。腰痛や便秘も解消しました。

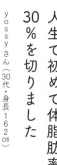

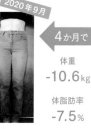

〈 本書の見方 〉

動画で動きがよくわかる

各エクササイズは動画でも見ることができます（左ページ下参照）。

PART ①~②

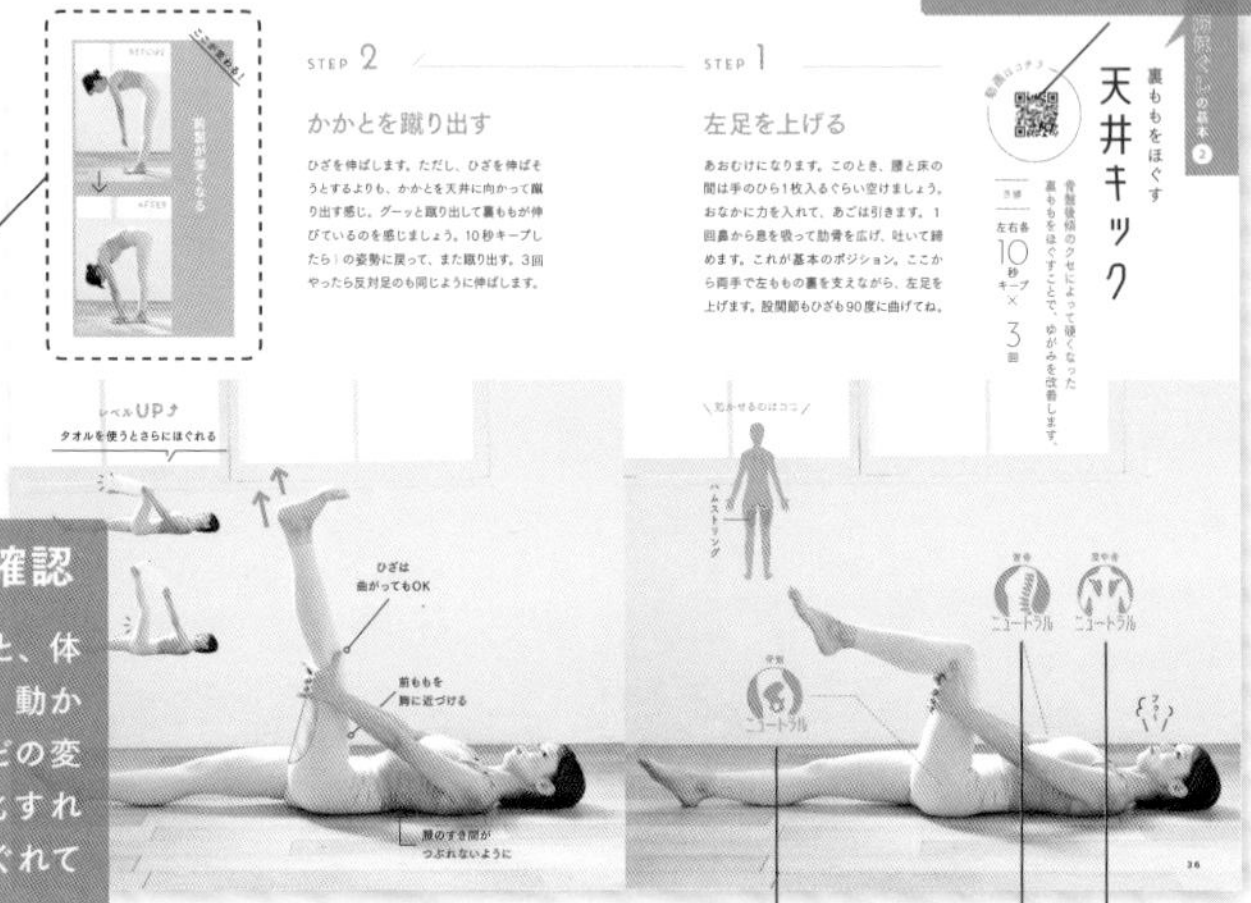

体の変化を確認

筋ほぐしを行うと、体が柔らかくなる、動かしやすくなるなどの変化が。体が変化すれば、ちゃんとほぐれている証拠です。

3つのポジションをチェック

mieyのエクササイズで大切なのは、肩甲骨・骨盤・背骨の動きとポジション（P.34参照）。筋ほぐし、トレーニングともにこれらを必ず意識しましょう。

トレーニングに組み合わせたい“筋ほぐし”を記載

なまけ筋トレーニングの前に、筋ほぐしを行うことでボディメイク効果がアップ。併せて行いたい動きを紹介しています。

PART ③

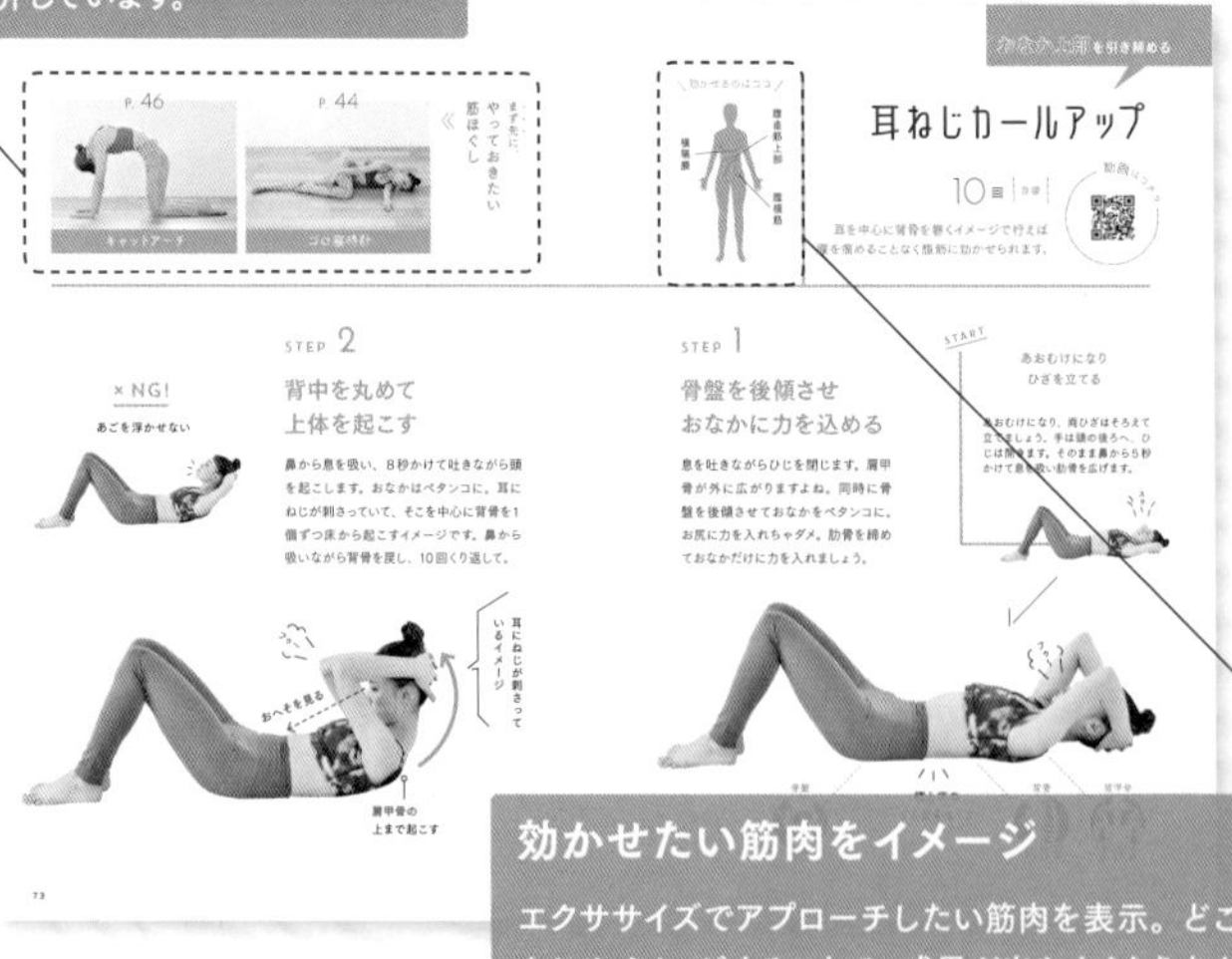

効かせたい筋肉をイメージ

エクササイズでアプローチしたい筋肉を表示。どこに効くかをあらかじめイメージすることで、成果が出やすくなります。

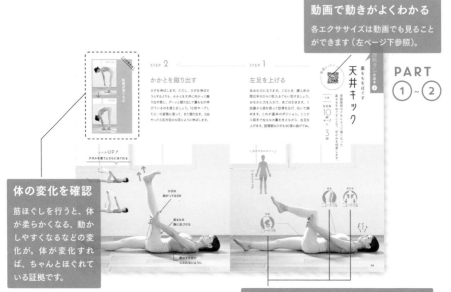

〈 本書の活用法 〉

ゆるやせしたい！

→PART①

基本の“筋ほぐし”で
やせやすい体をつくる！

横隔膜と骨盤底筋群を動かす深い呼吸法、骨盤のゆがみを正す動きが、がんばり筋をほぐす基本のメソッド。まずはここから始めましょう！

気になるパーツを
しぼりたい！

→PART①～②

部位別“筋ほぐし”で
気になる部分を集中やせ

「下腹やせしたい」「外もものハリを取りたい」など、お悩みの部位別に効く筋ほぐしはPART②から。PART①と併せてどうぞ。

スピーディに
しっかりやせたい！

→PART①～③

なまけている筋肉を
トレーニングでたたき起こす

筋ほぐしに筋トレを組み合わせると、ボディメイクはおもしろいほど早く進みます。しっかり効果を上げたい人はPART③にもトライ！

本書と合わせて動画もチェック！

本書で紹介しているエクササイズをmieyが動画でも実演。紙面と合わせてぜひチェックしてみてください。各ページに記載しているQRコード（右記でも可）、もしくは下記URLから専用サイトにアクセスしてご覧ください。

▶ https://gakken-ep.jp/extra/mieybodymake

CONTENTS

PART 3 スピーディにやせる！ なまけ筋たたき起こしトレーニング

本書の注意事項

○本書で紹介するメソッドは、病気や故障の治癒、治療のものではありません。また、効果には個人差があります。
○体調がすぐれない時、体に痛みがある時、満腹時、血圧に異常がある時は行わないでください。また、途中で体に異常を感じた場合はただちに中止し、医師に相談してください。
○次の方は必ず事前に医師に相談し、許可を得てから行ってください。
・妊娠中の方、持病がある方、けがをしている方
・体調がすぐれない方、体に痛みがある方
・血圧の高い方
・頸椎や腰椎に痛みのある方
・喘息の方

〈 登場キャラクター紹介 〉

ポチャ子

何度もリバウンドをくり返している万年ダイエッター。筋トレをすると逆に太くなる。

miey（ミー）

悩めるダイエッターを理想のボディラインへと導く骨格矯正ピラティストレーナー。

なまけ筋くん

がんばり筋に仕事を任せ、仕事をサボる筋肉。昼寝が大好き。脂肪とつるみたがる。

がんばり筋ちゃん

宿主の姿勢が悪いせいで、必要以上に酷使されている筋肉。ムキムキと怒りっぽい。

PART

1

がんばり筋をほぐすとやせるわけ

筋肉をほぐすことでボディラインが整うメカニズムを解説。ズボラさんでも続けられる「これさえやればOK」な、呼吸法＋骨盤のゆがみを正す２種類の筋ほぐしも紹介します！

ほぐしてやせない体はない

美ボディづくりの第一歩は がんばり筋をほぐすこと

筋肉の働きは「縮む」と「ゆるむ」の2つです。例えばひじを曲げ伸ばしする動きでは、上腕と前腕をつなぐ筋肉が縮むことでひじは曲がり、筋肉がゆるむことでひじは伸びます。この「縮む」と「ゆるむ」がきちんと行われると筋肉はエネルギーをどんどん使ってくれます。ところが**日常の動きのクセや姿勢の悪さなどが原因で体がゆがむと、負荷が集中して常に縮みっぱなしの筋肉＝「がんばり筋」と、逆に負荷がかからずゆるみっぱ**

動きのクセでがんばり筋となまけ筋ができる

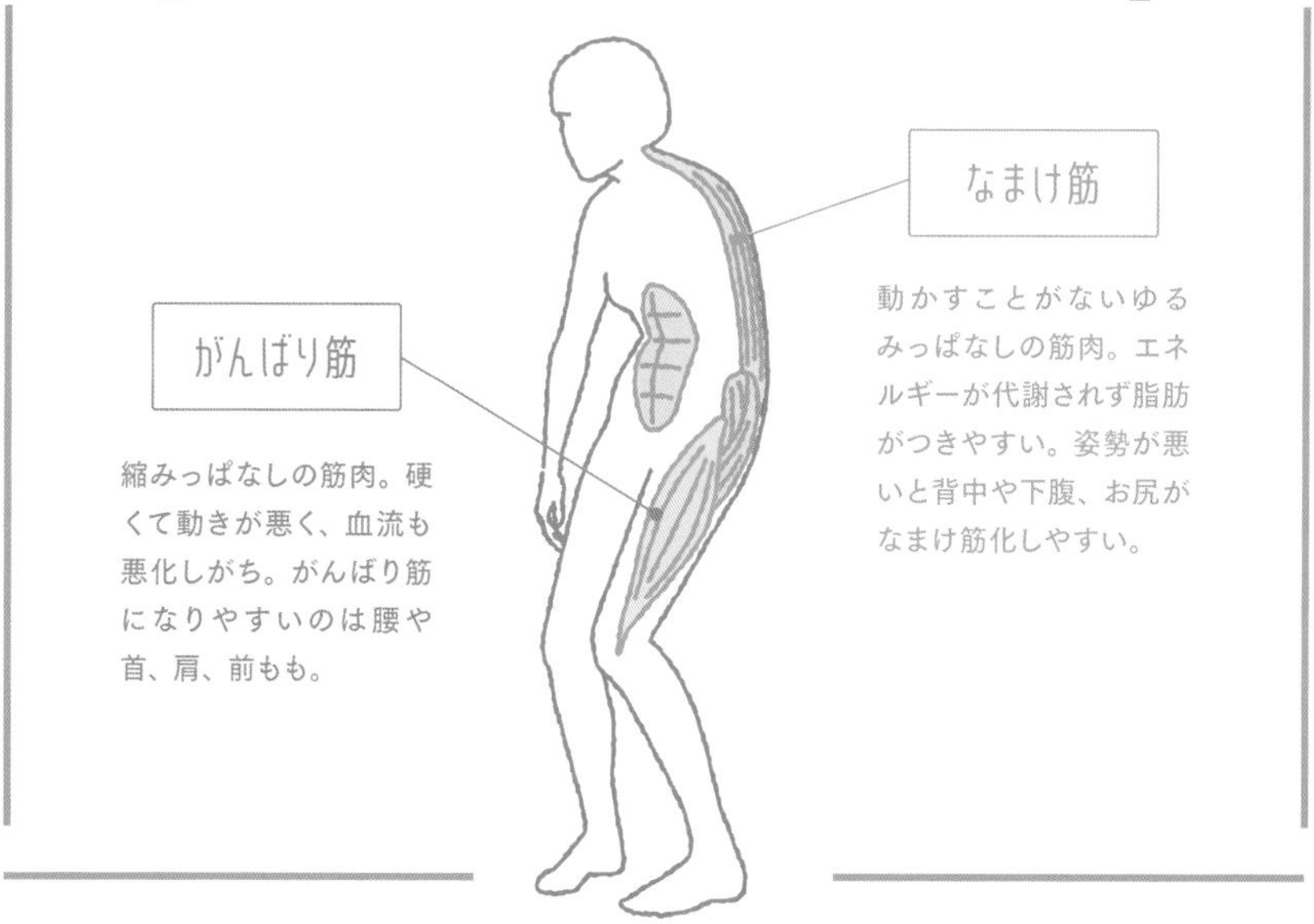
なまけ筋
動かすことがないゆるみっぱなしの筋肉。エネルギーが代謝されず脂肪がつきやすい。姿勢が悪いと背中や下腹、お尻がなまけ筋化しやすい。
がんばり筋
縮みっぱなしの筋肉。硬くて動きが悪く、血流も悪化しがち。がんばり筋になりやすいのは腰や首、肩、前もも。

なしの筋肉＝「なまけ筋」が発生。がんばり筋のある場所は硬く張りやすく、血流が悪くなってこりや痛みが生じがちに。一方、なまけ筋のあるところはエネルギーが代謝されず脂肪がつきやすくなります。

特に、スマートフォンやパソコン作業で前のめりな体勢の現代人は、**お尻や下腹、インナーマッスルはなまけ筋に、腰まわりや前もも、首や肩まわりはがんばり筋に変わりやすい**のが特徴です。

筋肉には協力して働くものがあり、片方ががんばり筋に変身すると、もう片方はなまけ筋と化してしまいます。いくらなまけ筋を鍛えようと運動しても、代わりにがんばり筋が働いて体を動かすため、なまけ筋はゆるみっぱなしに。その結果、がんばり筋がパンパンに張ったり、腰や肩が痛んでしまったり……。ですから、ボディメイクには筋トレより、がんばり筋をほぐすことが先決なんです。

がんばり筋&なまけ筋 MAP

● ---- がんばり筋になりやすい筋肉

● ---- なまけ筋になりやすい筋肉

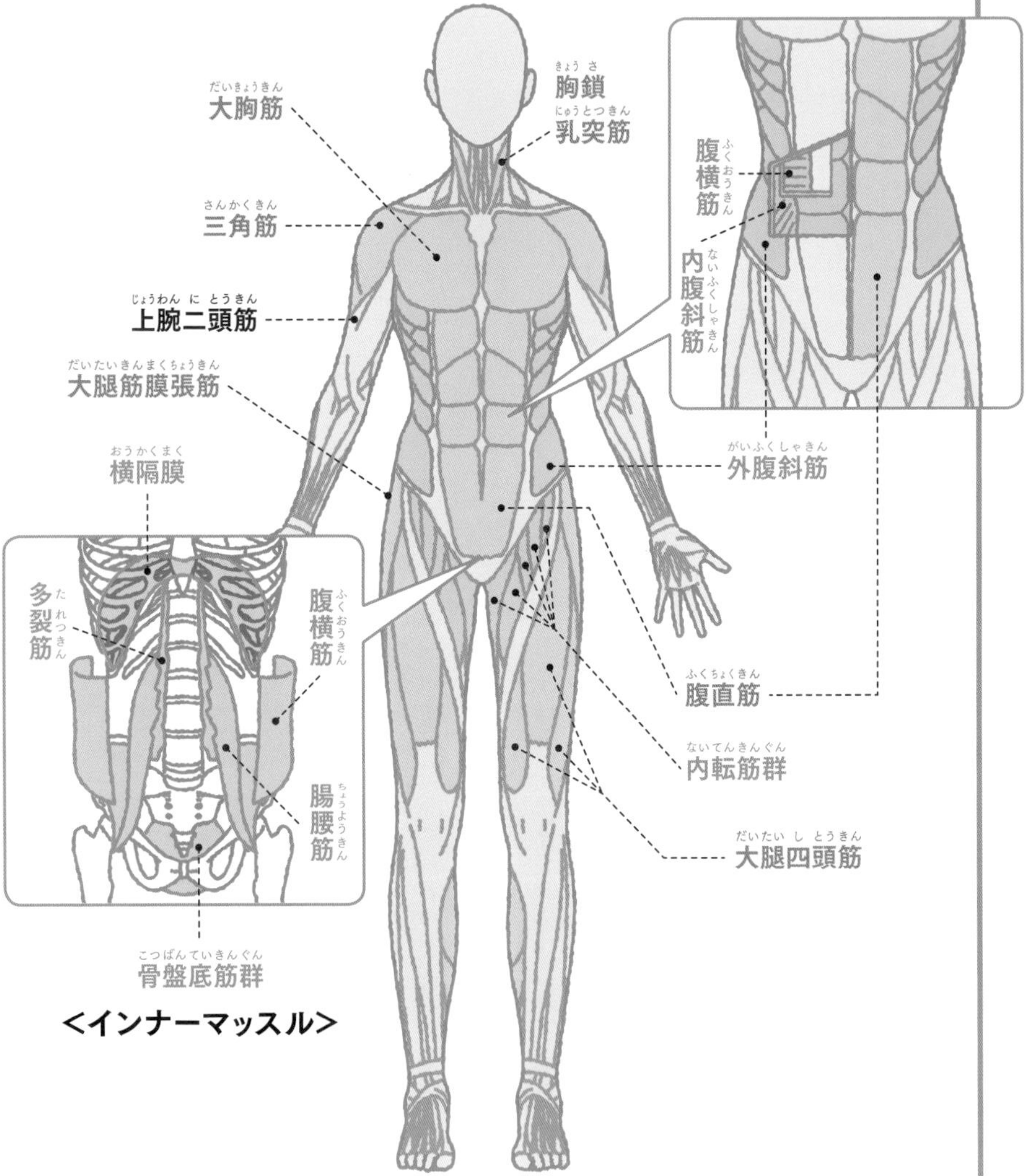

がんばり筋は硬くなり、なまけ筋の場所は脂肪がつきやすいのが特徴。
「脂肪しかない」と思っている人も、実は脂肪の奥でがんばり筋が張っています。

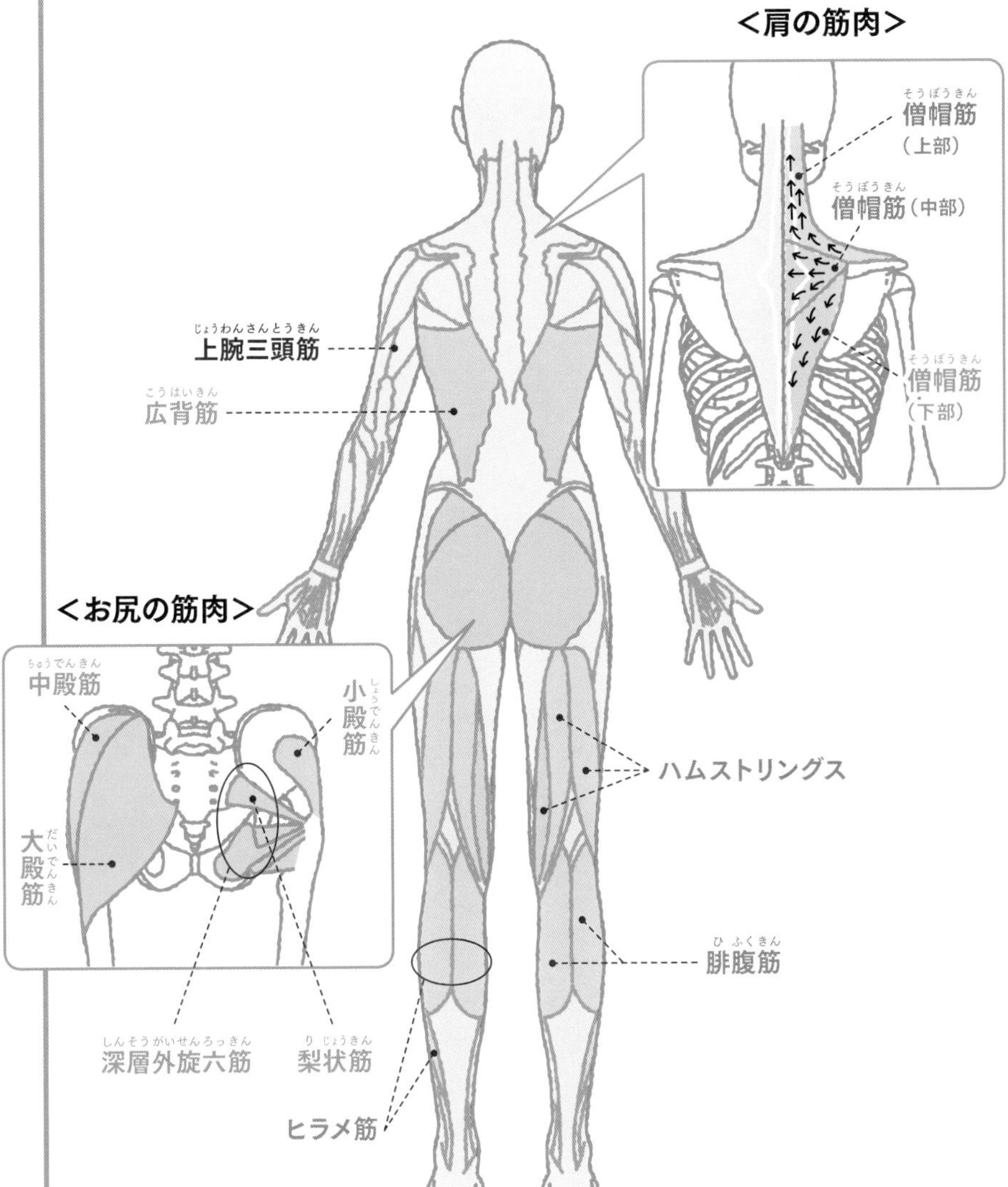

筋ほぐしで起きる変化

骨が正しい位置に収まり
やせる姿勢を**キープ**できる

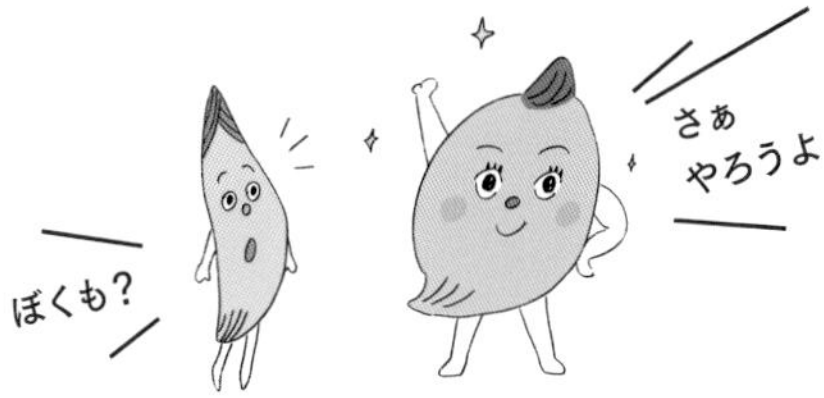

筋ほぐしにはうれしいメリットが盛りだくさん。まず、姿勢がよくなります。

体の骨や関節には体を安定させるものと体を動かすものがありますが、筋肉がアンバランスだと、安定させるはずの腰椎ががんばり筋に引っ張られて動いたり、動くはずの股関節がなまけ筋のせいでほとんど動かなくなるなど、その働きが逆転します。すると体のゆがみはひどくなり、筋肉のクセも強くなるという悪循環に陥ります。

週に2～3日筋ほぐしを行えば、骨や関節のゆがみもそのたびにリセット。関節や骨が正しい位置に収まり、正しい姿勢をキープしやすくなります。

正しい姿勢でいられれば、自然と体の芯のなまけ筋が働き、太ももやお尻の大きな筋肉が常に使われるので、基礎代謝もアップ。食べたエネルギーをどんどん使う、やせやすい体質になるのです。

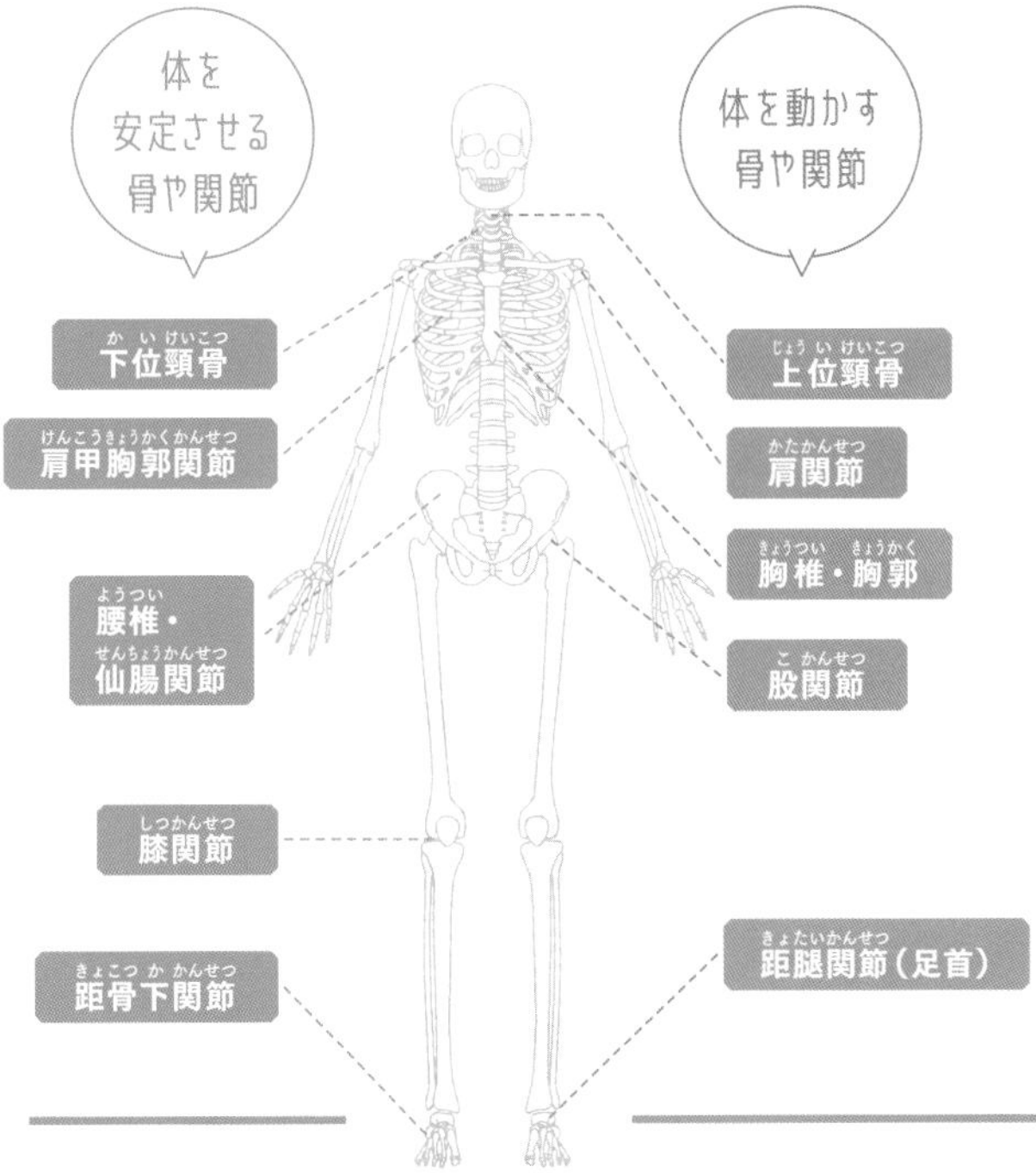

関節には2種類ある

関節は体を動かすために働くものと、安定させるために働くものの2つがあります。がんばり筋やなまけ筋の影響で安定性の関節が動けば痛みが発生。なまけ筋のせいで可動性の関節が動かなければ脂肪がつきやすくなります。

また、**筋ほぐしで筋肉のハリが改善すれば、太ももやウエストの大幅サイズダウンも期待できます。**がんばり筋が張っていたせいで滞っていた血流もスムーズになるので、腰痛や肩こり、ひざ痛などの不調も軽減されていきます。

さらに、縮みっぱなしだったがんばり筋がほぐれることで関節の可動域が広がり、なおかつ、ゆるんでいたなまけ筋が働くことで体を動かしやすくなります。これまでやりにくかった動作もラクラク。「深く前傾できる」「足を上げやすくなる」など、筋ほぐしの前後で体の動きを比べてみてください。

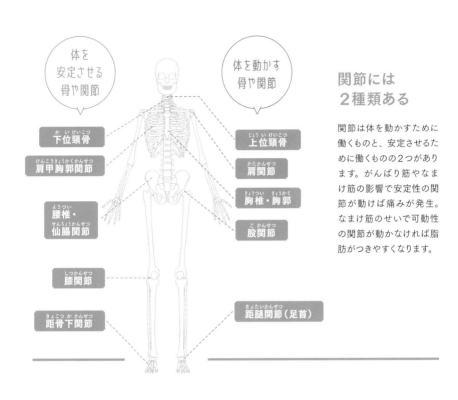

吐く息で**インナー**を引き上げ くびれをつくる

Z Z z
呼吸が浅いと
ずっと寝ているよ

フーッ
仕事中でも
くびれちゃうわ♡

筋ほぐしの超基本となるのが、「呼吸」と「骨盤のゆがみ正し」です。究極を言えば、この2つさえ続けていればやせることが可能!

まずは、呼吸でやせる理由を解説します。息を吸ったり吐いたりできるのは、胸とおなかを隔てている「横隔膜」のおかげ。横隔膜が下がると肋骨が広がって肺に息が入り、横隔膜が上がると肋骨が締まって、肺から息が出ていきます。

やせる呼吸で大事なのは吐く息です。というのも息

呼吸とインナーマッスルの関係

呼吸が浅い人は、横隔膜の上下動が小さく、インナーマッスルはなまけがち。横隔膜を意識した深い呼吸を続けることで、だんだんと大きく上下させられるようになり、インナーマッスルも鍛えられていきます。

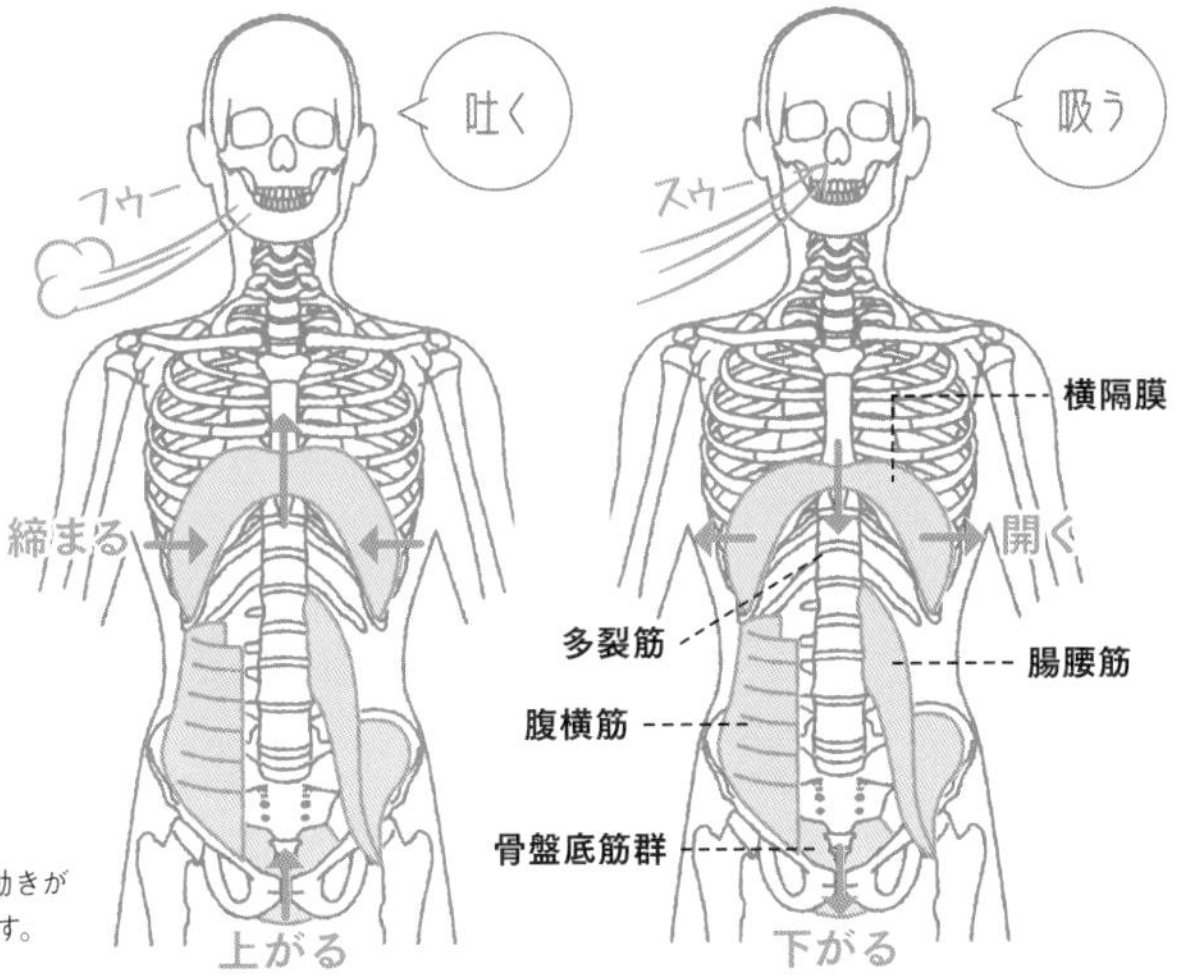

※横隔膜は胸郭内にありますが、動きがわかりやすいよう手前に描いています。

を吐くときに横隔膜の上昇に連動して骨盤にある「骨盤底筋群」が引き上げられるから。このとき体幹のインナーマッスル「腹横筋」と「多裂筋」も刺激されて働くため、エネルギーの燃焼がアップ。骨盤や背骨のゆがみも矯正され猫背も直っていきます。

呼吸が浅いと横隔膜や骨盤底筋群、体幹のインナーマッスルがなまけ筋と化してしまうので、おなかやせには横隔膜を動かす深い呼吸が必須。ちなみに骨盤底筋群が引き上がることで、尿もれや子宮脱、婦人科系の機能低下の予防、改善にもなります。

吐く息で肋骨が締まり、ウエストがキュッとくびれやすくなるのもポイント。筋ほぐしの最中はもちろん、**日ごろから「大きく吸って肋骨を広げる、息を吐ききり肋骨を締める」「吐くときはおしっこをがまんするようにキュッと膣を締める」と意識**してみてください。内側からどんどん引き締りますよ。

みるみるおなかが締まる くびれ呼吸

やればやるほど深い呼吸が定着。息をするだけでやせていく体になれます！

動画はコチラ

目標
10回

STEP 1

鼻から息を吸う

足を軽く開いて立ちます。横から見たら頭、肩、腰、かかとが一直線になるよう体を真っすぐに。頭から刺した串が、背中を通っているイメージです。肩を後ろにグルッと回して、肩甲骨を下げます。あごは引く。手を肋骨に当て、ゆっくりと鼻から５秒かけて息を吸います。だんだん肺がふくらんでいくよ。

効かせるのはココ

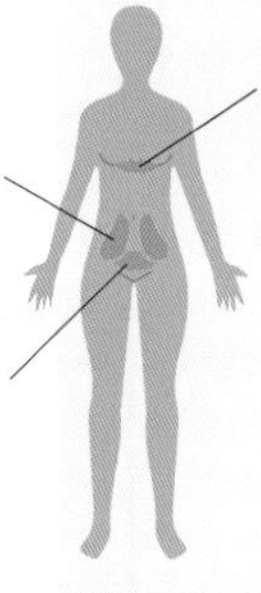
横隔膜
腹横筋
骨盤底筋群

鼻から５秒かけて
息を吸う
スゥ〜
肺がふくらんでいるとイメージ

ここが変わる！

**息を吐いたとき
アンダーバストが
細くなる**

STEP 2

口から息を吐ききる

口から長く息を吐きます。肋骨を締めるイメージを持ってね。体幹の奥で横隔膜が上がって、骨盤底筋群がグーッと引き上がっていくよ。同時におなかには力が入るのを感じてね。息を吐きながら猫背にならない。トイレをがまんするように、腟をキュッと締めて。８秒かけて吐き切ったらゆっくり鼻から吸います。10回くり返しましょう。

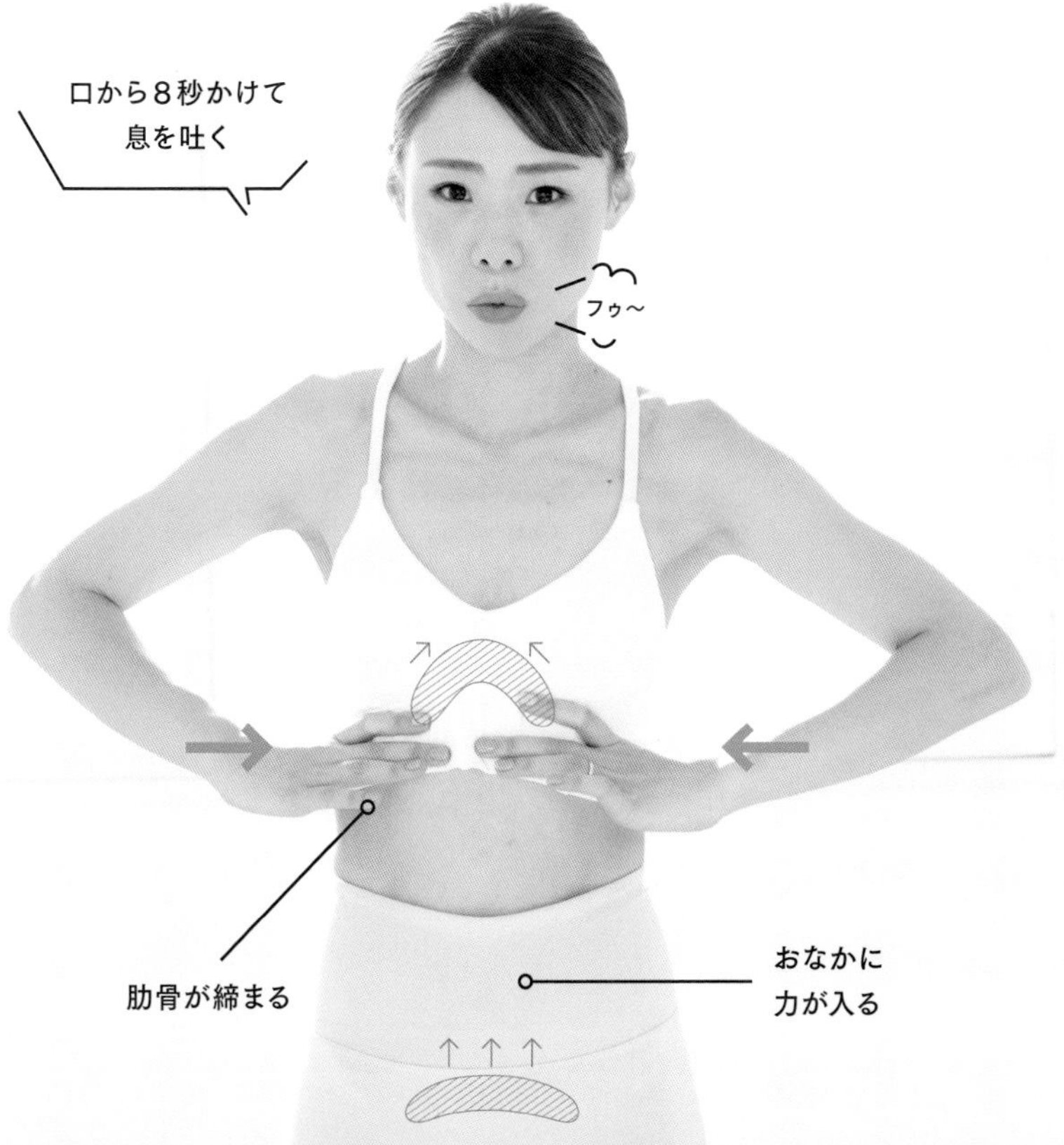
口から８秒かけて
息を吐く
フゥ～
肋骨が締まる
おなかに
力が入る

太ももが硬いと太る!

太もものがんばり筋をほぐし 骨盤のゆがみを正す

ほぐして
ほぐして〜〜

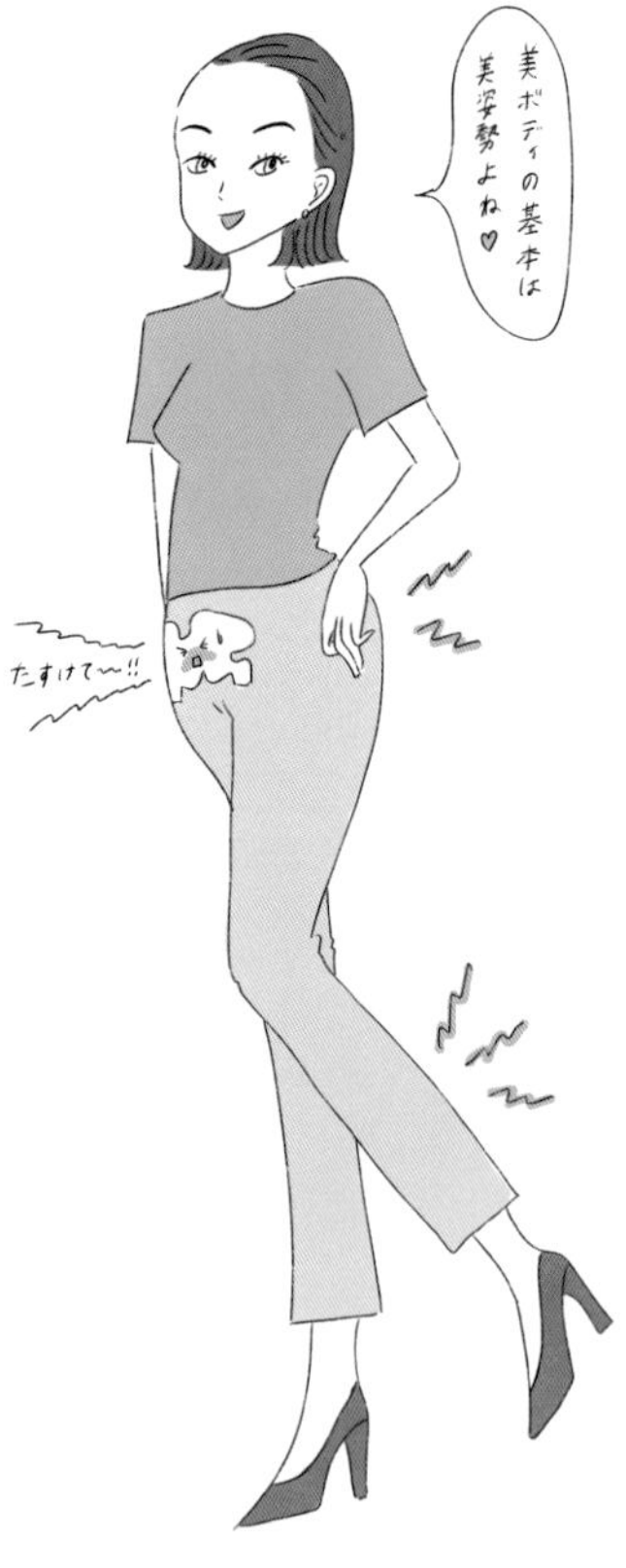
美ボディの基本は美姿勢よね♡
たすけて〜!!

基本となる筋ほぐしの2つめは「骨盤のゆがみ正し」です。

骨盤が真っすぐなら自然と姿勢もよくなるので、筋肉が正しく使われ、ぐんぐんやせていきます。よい姿勢の邪魔者が、骨盤のゆがみ。ゆがみには大きく分けると骨盤が前側に倒れる前傾、骨盤が後ろ側に倒れる後傾の2種類があり、前傾すれば姿勢は反り腰に、後傾すると猫背になります。

これらの姿勢が定着すると、**反り腰姿勢の場合は**

骨盤に生じるゆがみ

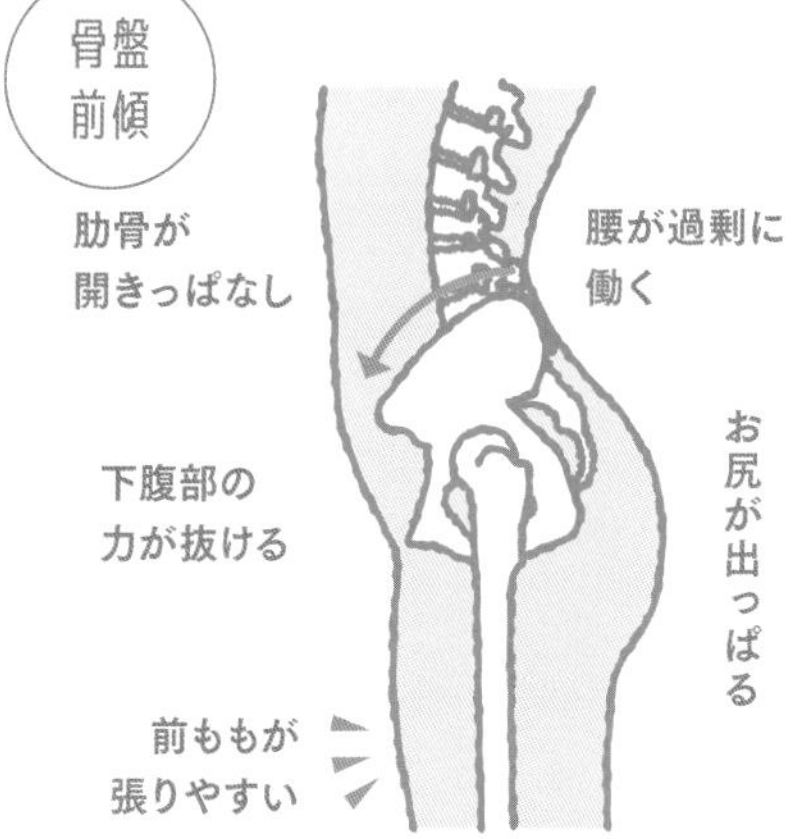

胸を張ったよい姿勢と勘違いされやすいが、前もものハリやタレ尻を引き起こす悪姿勢。ハイヒールを履くことでなりやすい。

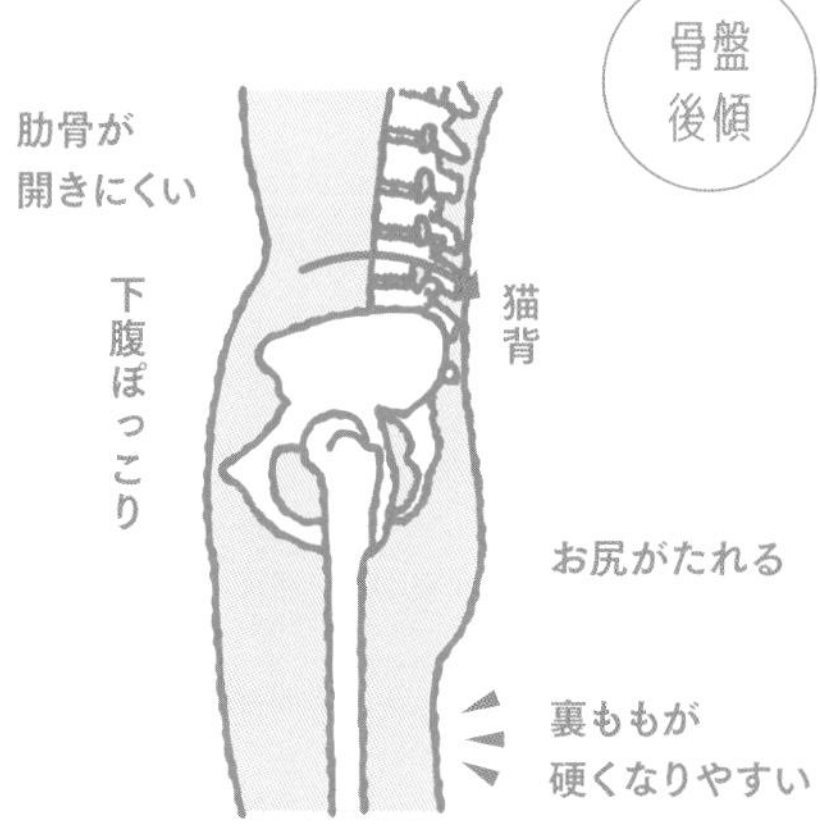

猫背で下腹から力が抜けるため、下腹がぽっこり出る。裏ももががんばり筋化して硬く、前屈するとひざ裏から太ももが張って痛む。

前ももががんばり筋に、猫背姿勢の場合は、裏ももががんばり筋になりやすくなります。さらに、背骨と太ももをつなぐインナーマッスルの腸腰筋やお尻の筋肉は、太ももに仕事を任せてなまけ筋に。その結果、**おなかまわりやお尻にムダ肉がつく**のです。

自分にどちらのゆがみがあるかは、前屈と後屈の姿勢をとることでチェックできます。前屈しにくい＝骨盤後傾の猫背型、後屈しにくい＝骨盤前傾の反り腰型。さらに「右が前傾、左が後傾」などの組み合わせで、ねじれのゆがみも生じます。

骨盤のゆがみを正すには、前もも、裏もものハリをほぐしてあげることが大切。前後ともほぐし、さらに張っている側を多くほぐすことがポイントです。全身の筋肉はつながっていてその中心にいるのが骨盤です。骨盤を正せば、「下腹だけぽっこり」「太ももがやせない」といったお悩みも解消するはず！

"効くポジ"を守ろう

肩甲骨

筋ほぐしでは、骨盤、背骨、肩甲骨の動かし方をエクササイズに応じて変え、効き目を高めています。うつぶせ、あお向けなど、どんな姿勢になっても動かせるよう、練習してみましょう。

寄せる

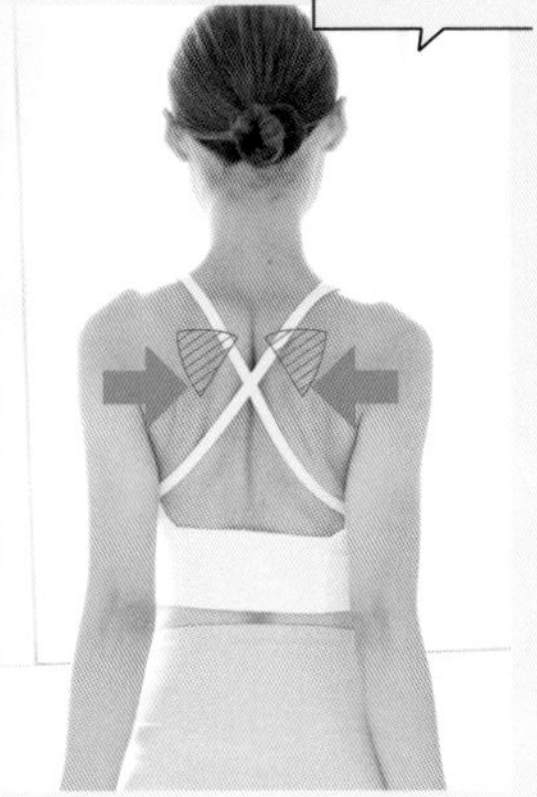

背骨に向かって寄せます。胸を開いて肩を背骨に寄せると、連動して肩甲骨も寄りやすくなります。

ニュートラル

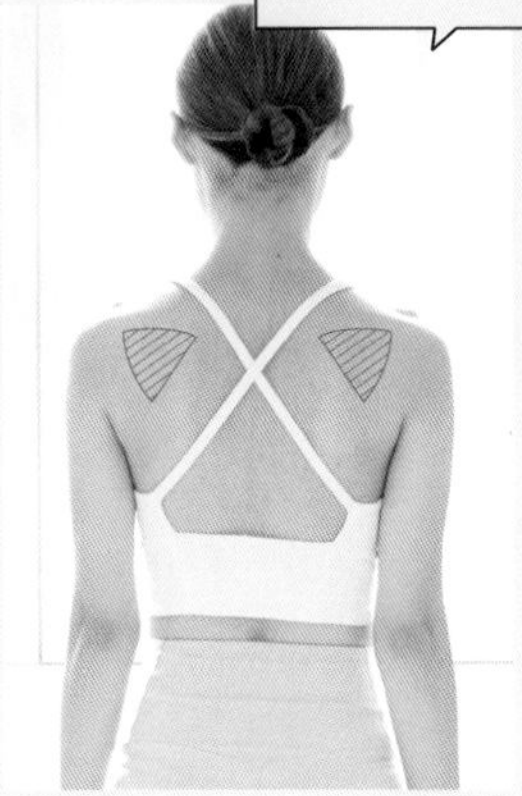

肩に力を入れない自然な形。無意識のうちに肩が上がってしまう人が多いので、鏡を見て確認しましょう。

広げる

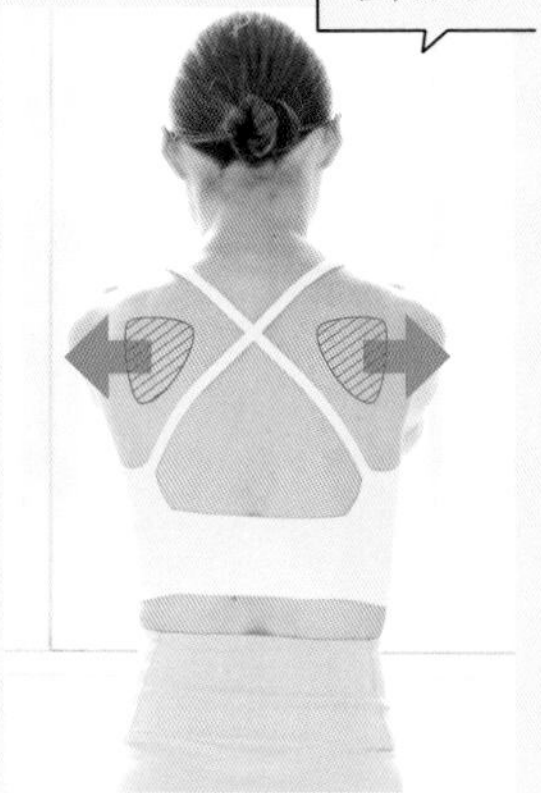

肩甲骨を外側へ広げます。肩甲骨単体は動かしにくいので、腕を前に伸ばしましょう。連動して広がります。

下げる

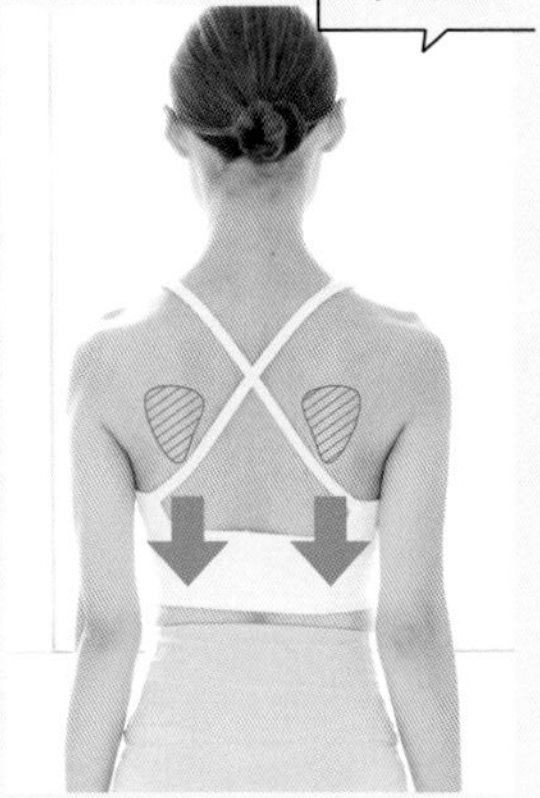

肩甲骨を下げる筋肉はなまけがち。肩をグルッと後ろに1周させると肩甲骨が下がりやすくなります。

動画はコチラ

筋ほぐしの前にチェック！

骨盤・背骨・肩甲骨の

骨盤

前傾

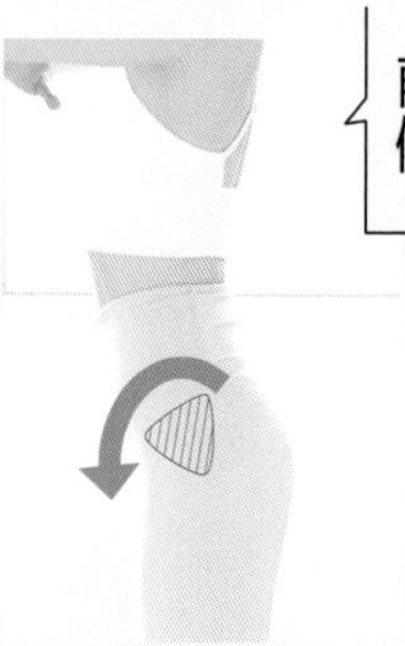

おへそを床に向けるように、腰と背中を反らせた腰のポジションです。お尻は後ろに突き出します。

ニュートラル

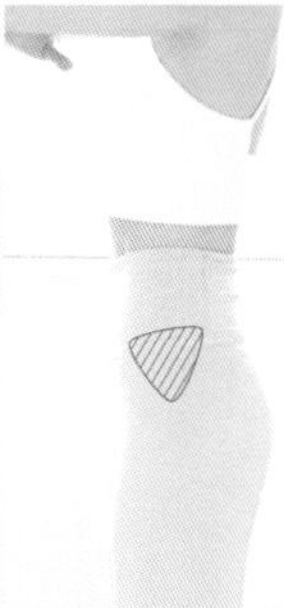

おへそは真正面。左右の腰骨と恥骨をつないでできる三角形が傾かない状態。下腹から力を抜かないこと。

後傾

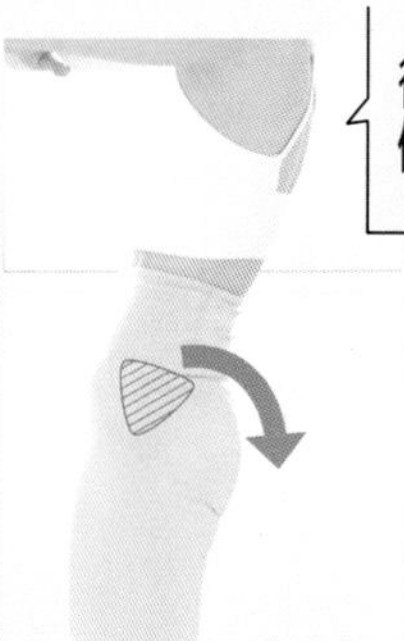

おへそを天井に向けるように、腰を丸めた体勢です。下腹にグーッと力が入ります。

背骨

反らす

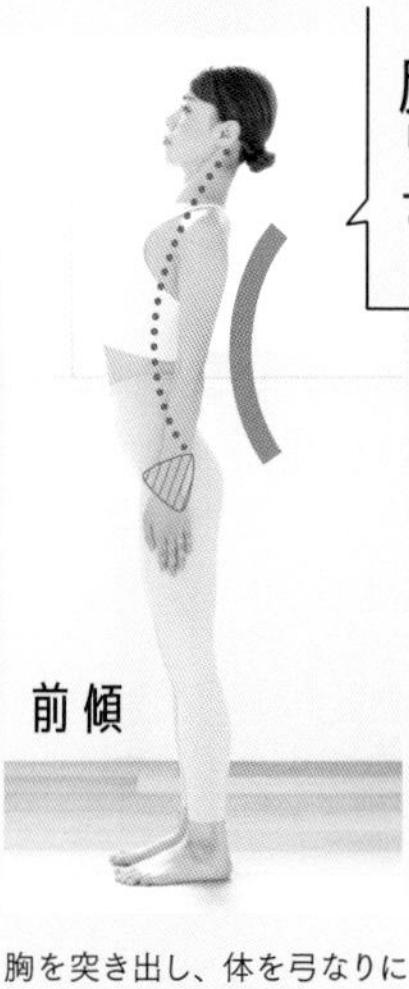

胸を突き出し、体を弓なりにカーブさせる体勢です。

ニュートラル

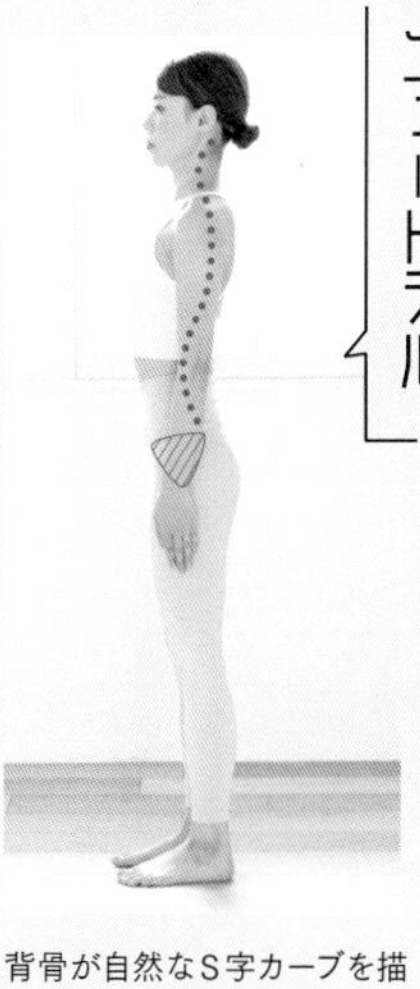

背骨が自然なS字カーブを描き、耳、肩、腰、足首が一直線になった形。維持するには体幹の力が必要です。

丸める

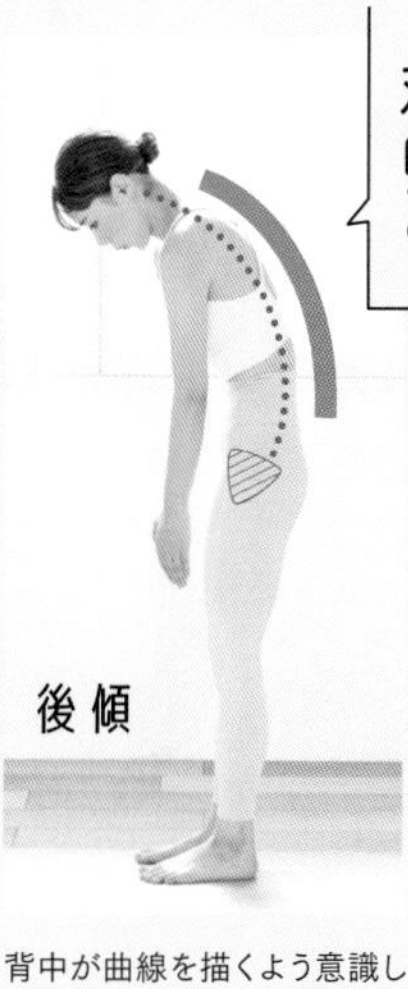

背中が曲線を描くよう意識します。下腹に力が込めやすくなる体勢です。

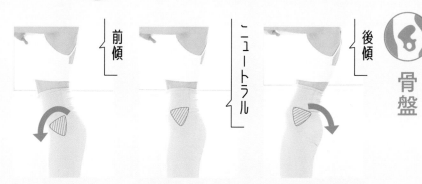

裏ももをほぐす 天井キック

骨盤後傾のクセによって硬くなった裏ももをほぐすことで、ゆがみを改善します。

目標
左右各10秒キープ×3回

動画はコチラ

STEP 1

左足を上げる

あおむけになります。このとき、腰と床の間は手のひら1枚入るぐらい空けましょう。おなかに力を入れて、あごは引きます。1回鼻から息を吸って肋骨を広げ、吐いて締めます。これが基本のポジション。ここから両手で左ももの裏を支えながら、左足を上げます。股関節もひざも90度に曲げてね。

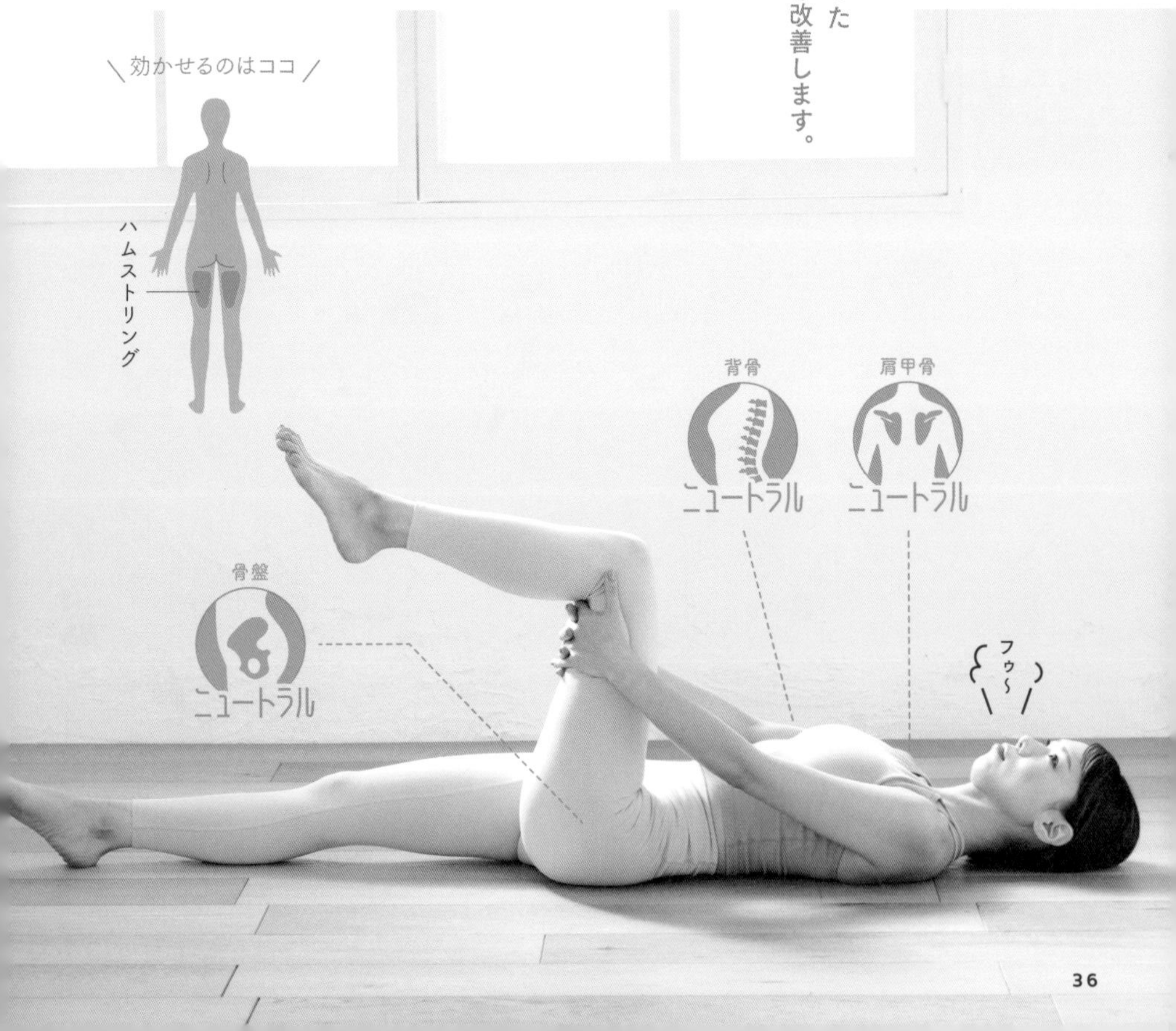

ここが変わる!
BEFORE
前屈が深くなる
AFTER

STEP 2

かかとを蹴り出す

ひざを伸ばします。ただし、ひざを伸ばそうとするよりも、かかとを天井に向かって蹴り出す感じ。グーッと蹴り出して裏ももが伸びているのを感じましょう。10秒キープしたら1の姿勢に戻って、また蹴り出す。3回やったら反対の足も同じように伸ばします。

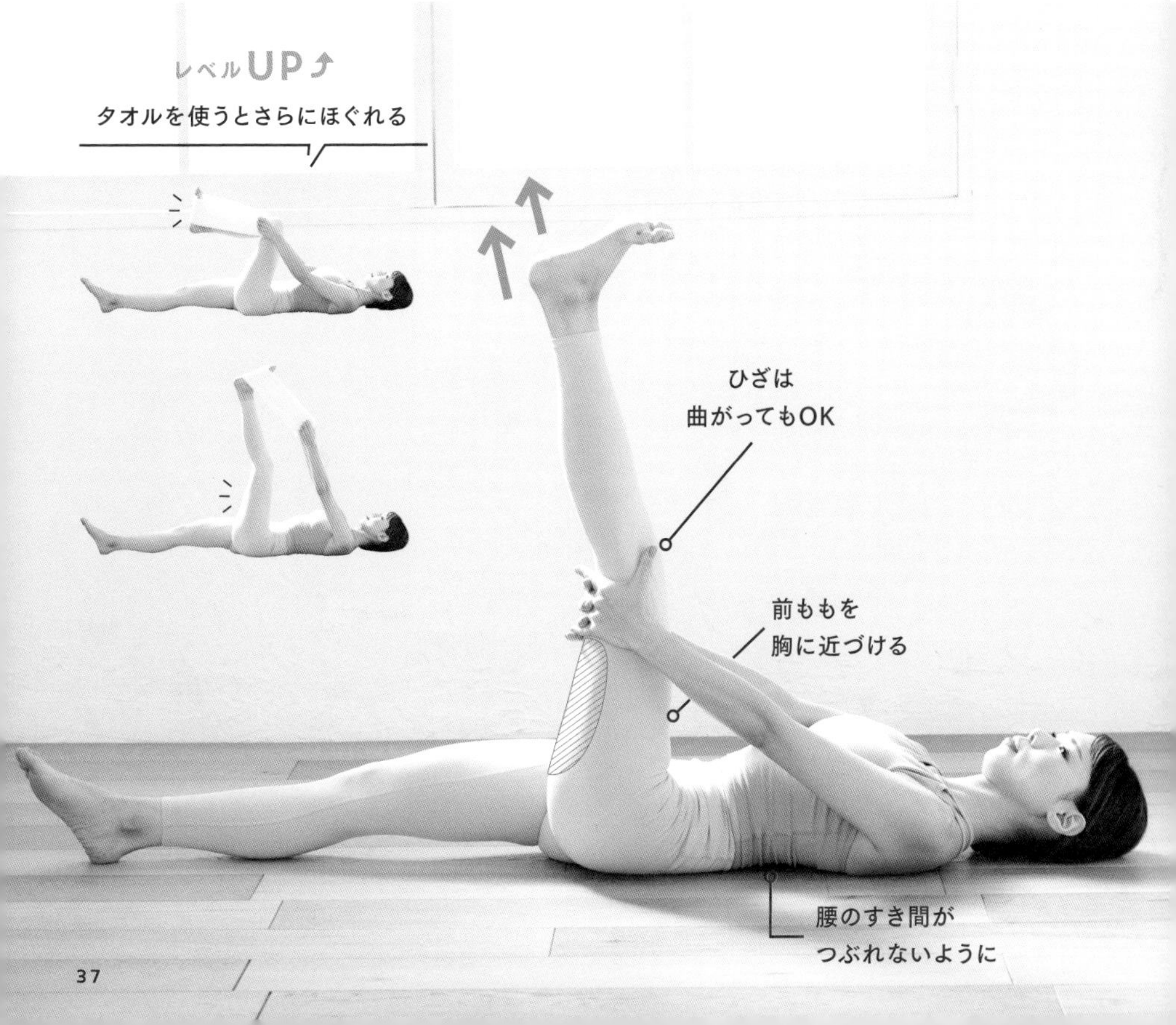
レベルUP
タオルを使うとさらにほぐれる
ひざは
曲がってもOK
前ももを
胸に近づける
腰のすき間が
つぶれないように

前もものハリを取る プロポーズ

骨盤前傾の姿勢でがんばり筋と化した前ももの大腿四頭筋をほぐします。

目標
左右各10秒キープ×2回

動画はコチラ

STEP 1

足を前後に広げる

両手と両ひざを床につきます。このとき、手首の位置は肩の真下に置きましょう。そこから、左足を大きく前に出して、手と手の間にドンッと置きます。右ひざをズリズリと後ろにズラしていき、足を後ろに大きく開きます。それから左足を足幅2歩分ほど、左にトコトコ動かして。

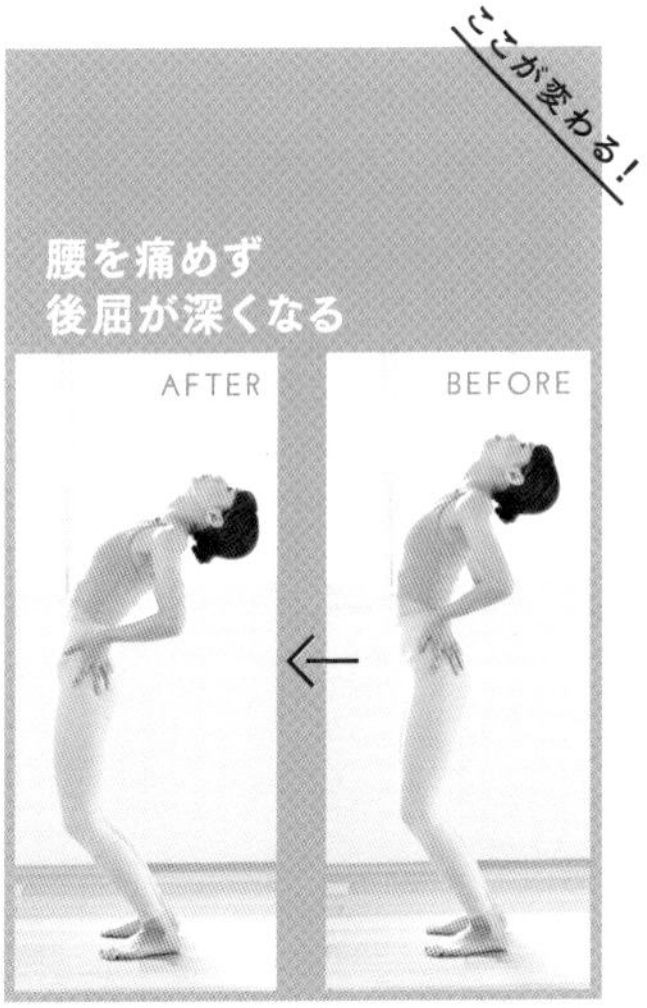

腰を痛めず
後屈が深くなる

STEP 2

後ろ足を引っ張る

重心を前に傾けながら、右ひざを曲げ、左手を大きく回して右足首をつかみます。そのままかかとをお尻に近づけましょう。重心を前にしないと前ももが伸びないので、もっともっと前へ。10秒キープしたらいったんゆるめて鼻から息を吸い、再び自然に呼吸しながら伸ばします。2回やったら反対の足も同じように伸ばします。

背中を反らす
ひざが開く

COLUMN

ランニングやダンスエクササイズをすると逆に太る!?

有酸素運動の意外な落とし穴

ランニングやダンスエクササイズなどの有酸素運動。体を動かし汗をかくと「運動した気分」が高まるけれど、ボディメイクという点では逆効果にもなります。脂肪がついているということは、筋肉バランスが悪い証拠。筋肉バランスを整えないまま体を動かせば、がんばり筋ばかり使って動いてしまうからです。

例えば前ももやふくらはぎは普段から張りがちなのに、ランニングすればさらにハリが悪化。それが脚の骨のゆがみを引き起こし、ひざ痛が発生する恐れもあります。そして前ももを使いすぎれば、ぺタ腹やお尻やせに必要な腸腰筋はなまけやすくなるのです。

ランニングやダンスエクササイズは、体を動かして楽しむためのもの。単体でやせようとするのではなく、がんばり筋ほぐしと並行して行いましょう。動きが速いと筋肉のクセが出やすいので、ランニングではなくウォーキングにするなど、フォームを意識できるスピードにゆるめて行うのも、有酸素運動でキレイにやせるコツです。

PART 2

気になる部位別 筋ほぐしの やり方

おなか、お尻＆太もも、ふくらはぎ、背中の４部位を太らせている筋肉のアンバランスを、ほぐして整えます。ゆがみは日々発生するので、週に３〜7日、実践するのがおすすめです。

お悩み

ずんどう＆下腹ぽっこりなおなかまわりを くびれペタ腹にしたい！

腹筋運動してもおなかの肉が落ちません……(泣)

正しい腹筋って難しくて、特に反り腰の人は首や腰を痛めやすいのね。それに腹筋でつくのはアウターの筋肉。インナーをつけずにアウターの筋肉ばかりつけると、インナーがなまけ筋になって、くびれやペタ腹は手に入らないの。まずはインナー、次にアウターを鍛えるのが女性らしい体をつくる手順よ

インナーから鍛えるには、どうすれば？

呼吸です。おなかが太い人は、100％呼吸が浅い(キッパリ!!)。深く息を吐いて下腹に力を込める。これができれば、みるみるおなかがやせるから！

腹筋運動よりラクにできそう！

骨盤がゆがんでいると深い呼吸がしにくいから、骨盤を整えるのも大事だよ！

おなかが太る原因は骨盤のゆがみ。骨盤が前後どちらに傾いても、腹筋から力が抜け、呼吸も浅くなってしまうからです。骨盤後傾の人は猫背で縮んでいるみぞおちのがんばり筋を、骨盤前傾の人は反り腰を悪化させる腰のがんばり筋をほぐしましょう（骨盤のタイプ診断はP.32を参照）。

みぞおちの筋ほぐしは横隔膜が動きやすくなり呼吸が深くなる、腰の筋ほぐしは下腹に力を込めやすくなると、それぞれメリットがあります。いずれもペタ腹効果が高いので、両方行うのが理想です。

くびれペタ腹になれないわけ

まとめ

- おなかやせには呼吸&骨盤のゆがみ正し!
- みぞおちの筋ほぐしで呼吸が深くなる
- 腰の筋ほぐしで下腹に力が入りやすくなる

みぞおちをほぐして呼吸を深くする

ゴロ寝時計

肋骨の開閉をスムーズにします。
背中のトレーニングが苦手な人にも。

目標
左右各
3
周

動画はコチラ

STEP 1

下半身をひねる

両手、両足を広げてあおむけに寝ます。右ひざを立てて、右足裏を左ひざの上に乗せたら、そのままパタンと下半身を左に倒しましょう。顔は、反対の右へ向けてね。背中をねじって右の肩甲骨と右ひざで引っ張り合いをしているイメージを持って。背中とおなかをグーッと伸ばしましょう。

＼効かせるのはココ／

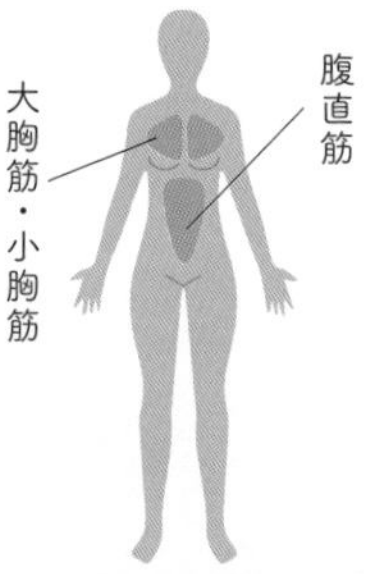

手を広げて寝た姿勢からスタート

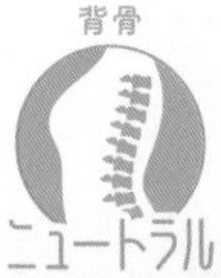

STEP 2

腰を丸める

息を吐きながら背中を丸めます。肩甲骨が外側に広がって、下腹に力が入るのを感じましょう。10秒かけて息を吐ききったら、鼻から息を吸いながら1の姿勢に戻ります。戻したときに背中を反らしちゃダメです。息を吐いて丸める、吸って戻す。5回くり返しましょう。

ここが変わる!
おなかに
力を込めやすく
なる

いい感じ!

背骨
丸める
肩甲骨
広げる
腰骨から
丸めるイメージ
骨盤
後傾
フゥ〜
助骨は
締める
あごを引き
頭を下げる
おへそを背骨に
近づける

お悩み

たるんだお尻と太ももを引き締めて 美尻&美脚になりたい！

太もも&お尻やせしたいのに、鍛えると競輪選手みたいなゴツ脚になっちゃうんです……

解決策は一つ。インナーマッスルの腸腰筋（P.24参照）を働かせることよ。

日常の動作で鍛えられるといいな

残念ながら、普段の動きでは鍛えられないの。スクワットがベストなんだけど、前ももが張っていたり、股関節が硬いと、スクワットしても別の筋肉が働いて腸腰筋を刺激できないのね。前ももや股関節をほぐしてからスクワットをすれば完璧！

う〜ん、毎日スクワットするのは無理かも……

前ももや股関節をほぐすだけでも、ハリが取れて血流がよくなるからやせ見え効果抜群。余裕があったらスクワットをプラスしてみてね（P.80）

お尻や太ももを引き締めるには、背骨、骨盤、太ももの3つをつなぐインナーマッスル・腸腰筋が働くことが絶対条件。腸腰筋が働けば、その刺激はお尻の大殿筋や、太もものハムストリングにも伝わり、内側から引き締まります。腸腰筋は、前ももと負荷を分け合って働く性質がありますが、骨盤がゆがむと前ももががんばり筋に変身。すると腸腰筋は前ももに仕事を任せ、なまけてしまいます。腸腰筋を働かせるには、前ももをほぐすことが大切。さらに動きをよくするため、股関節もほぐしましょう。

美尻&美脚になれないわけ

まとめ

- 腸腰筋が働けばお尻も働き、太ももが引き締まる
- 腸腰筋をなまけさせる原因、前ももをほぐす
- 腸腰筋を働かせるには股関節ほぐしも有効

外もものハリを取り
お尻を使いやすくする

足組みおじぎ

太ももの大腿筋膜張筋《だいたいきんまくちょうきん》をほぐす動き。プロポーズ(P.38)と一緒に行うと◎。

目標

左右各1分キープ

動画はコチラ

STEP 1

足を組む

あぐらをかいた姿勢から、左ひざが右ひざの上になるよう足を組みましょう。ひざ同士がくっつかなくてもいいですよ。骨盤は真っすぐ立てるのがポイント。腰を丸めると外ももは伸びません。座骨をグッと床に立てるとイメージしましょう。

硬い人は外ももの伸びが感じられたらok

座骨を立てる

\ 効かせるのはココ /

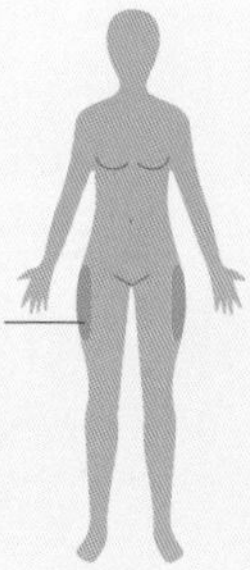

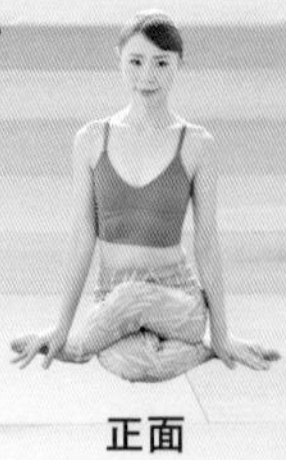

正面

ここが変わる！

足を横に
上げやすくなる

STEP 2

上体を倒す

左ひざを右ひざに近づけて、上体を倒します。猫背にならない。骨盤は真っすぐキープしたまま、胸を張って頭は上げる。深く倒さなくても、左の外ももの伸びを感じられればバッチリです。さらに手をトコトコと前に歩かせて。呼吸を止めず1分キープしたら足を組み変えてやりましょう。

× NG!

背中が丸まる

股関節の可動域をアップ
ひざパカ

股関節を開くのに必要なお尻の奥の筋肉・深層外旋六筋《しんそうがいせんろっきん》を刺激します。

動画はコチラ

目標
左右各10回

STEP 1

ゴロ寝してひざを曲げる

体の左側を下にしてゴロ寝します。左腕は頭の下に入れて、両ひざはそろえたまま軽く曲げましょう。猫背にならないように、頭、肩、腰、かかとを一直線にしてね。肩甲骨は下げますよ。OKかな？　この姿勢ができたら、鼻から大きくゆっくり息を吸って肋骨を広げ、吐きながら閉じます。

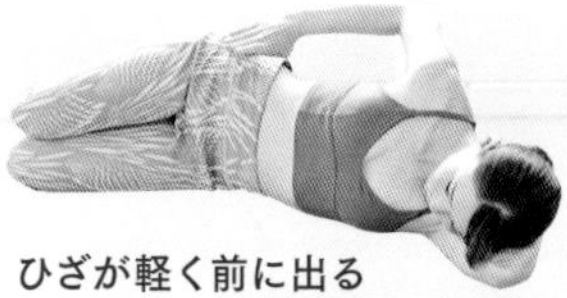

ひざが軽く前に出る

\ 効かせるのはココ /

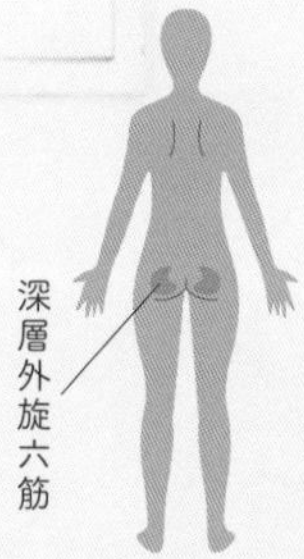

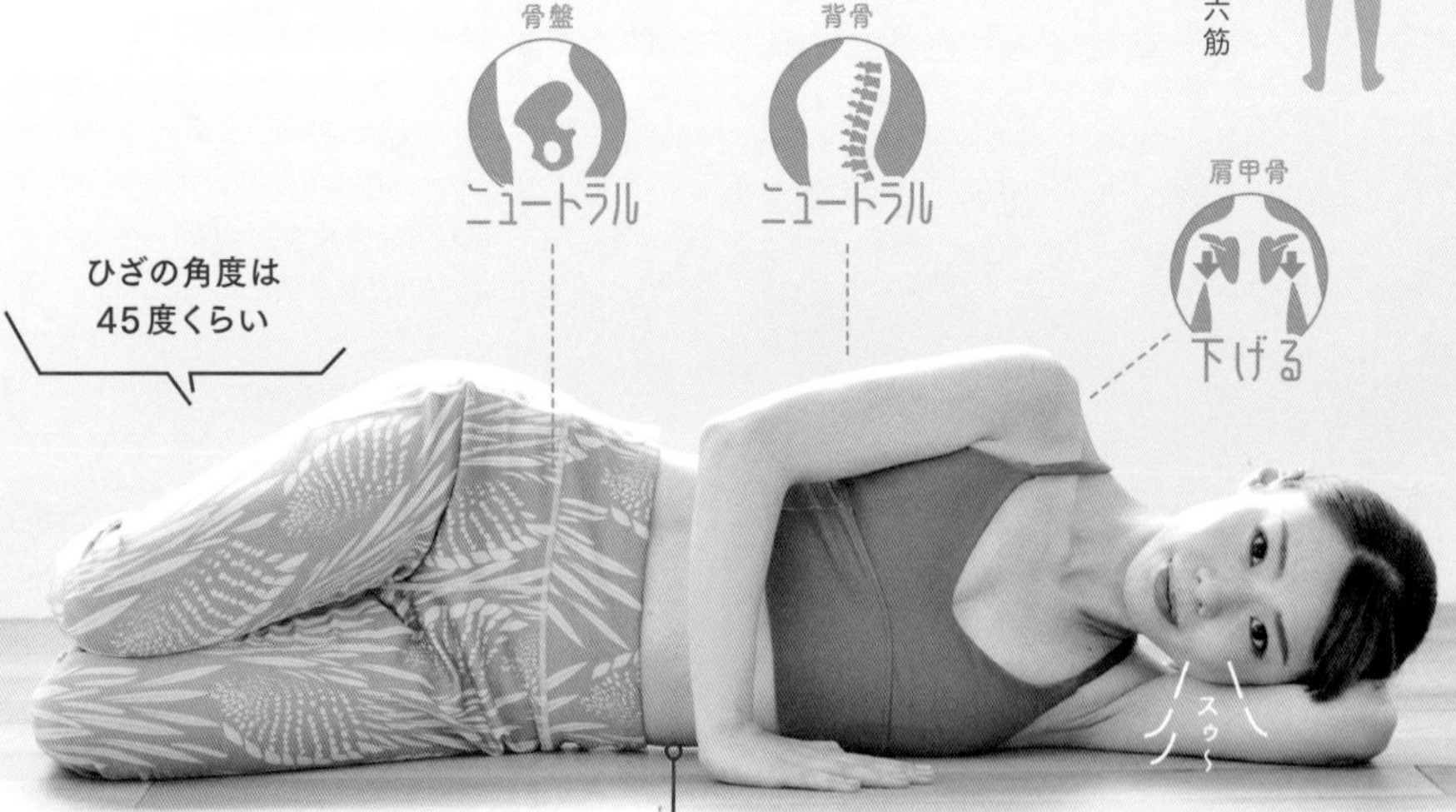

わき腹を
軽く持ち上げる

ここが変わる!

ひざを外側に
向けて
スクワットできる

STEP 2

ひざを開く

鼻から息を吸い、吐きながら右ひざを開きます。ジワジワゆっくりね。腰ごとパカーッと開いてお尻が後ろに倒れちゃうと、意味がありません。右手を腰に当てて固定し、ひざだけ動かすのがコツ。鼻から息を吸いながらひざを閉じ、吐きながら開く。10回やったら反対足もやりましょう。

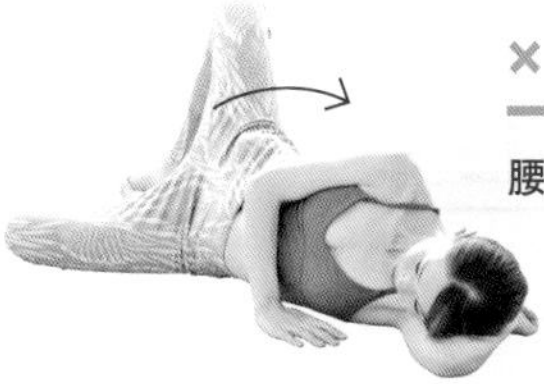

× NG!

腰ごと開く

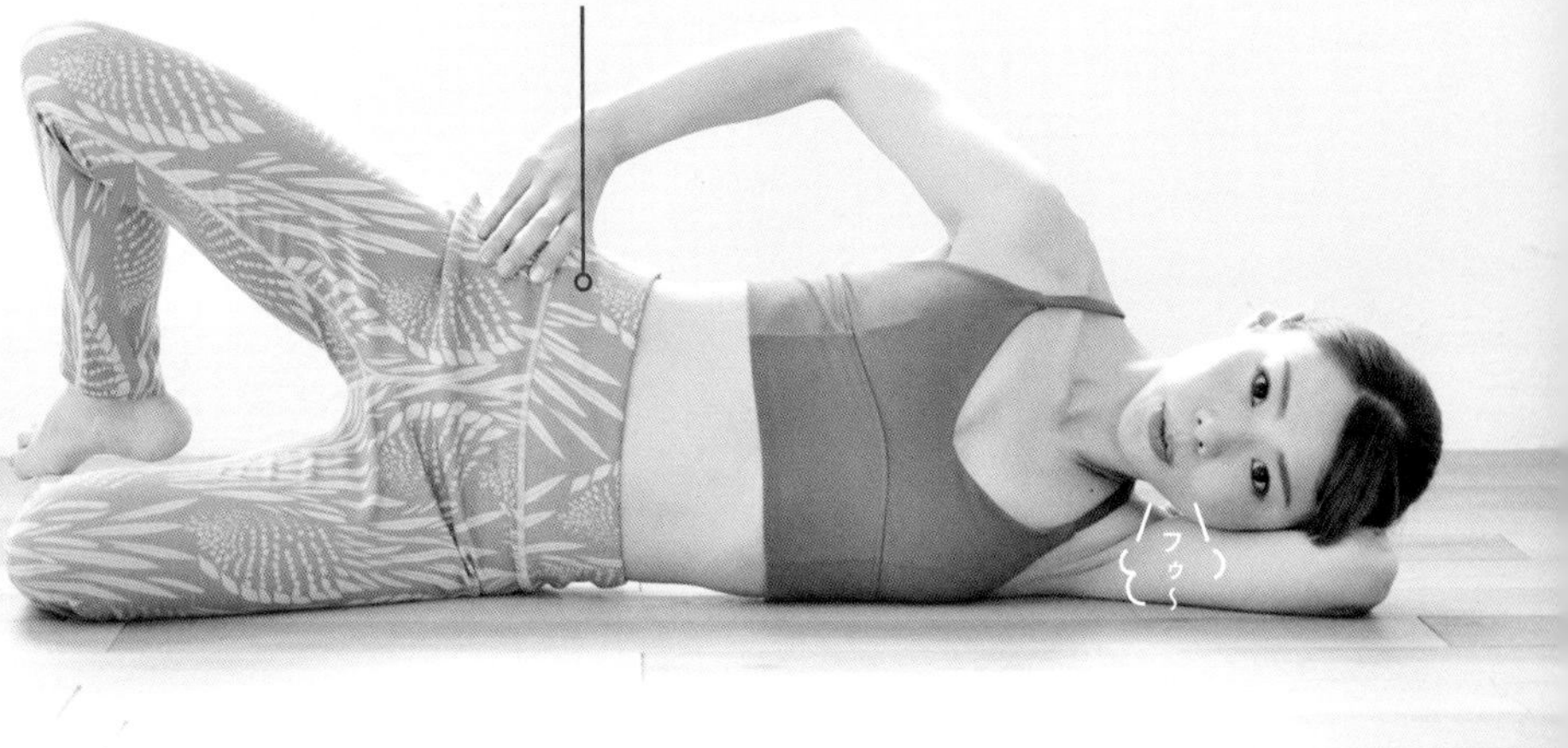
骨盤は
床と垂直に
固定する
フゥ〜

腸腰筋を強化する ひざ上げダンス

動画はコチラ

目標 1分

腸腰筋が働くと股関節が曲がりやすくなりスクワットもスムーズ。動いてほぐします。

STEP 1

左足を上げて下ろす

両足を腰幅に開いて立ちます。骨盤は真っすぐ、背中も真っすぐです。鼻から息を吸い、フッと吐きながら左ひざを上げて、左手でポンッとタッチ。上体は横に倒さないよ。ひざは外に開いたまま、太ももをできるだけ高く上げましょう。鼻から息を吸って、左足を下ろします。

ここが変わる!

しゃがみ やすくなる

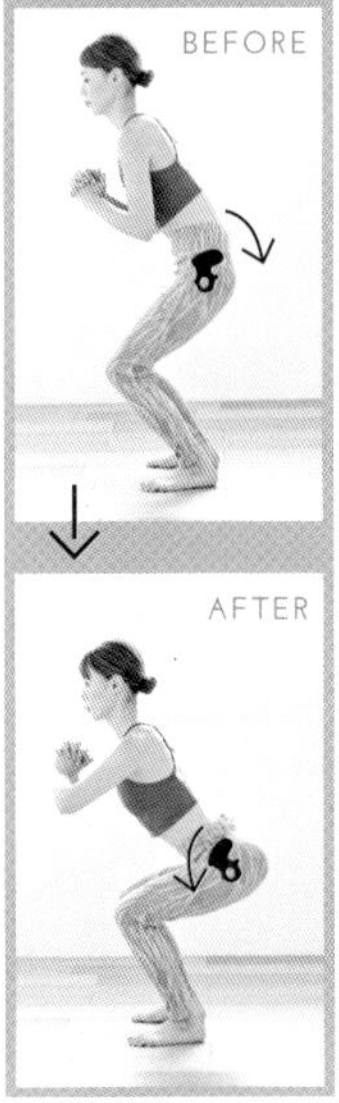

STEP 2

右足を上げて下ろす

今度は息をフッと吐きながら、右ひざを上げて右手でタッチ。左右交互に、リズミカルにひざを上げて下ろしましょう。上体が左右に倒れたり背中が丸まるようならスピードを落としてね。正しいフォームでできる速さでOKです。1分間、続けてチャレンジ!

上体は倒さない

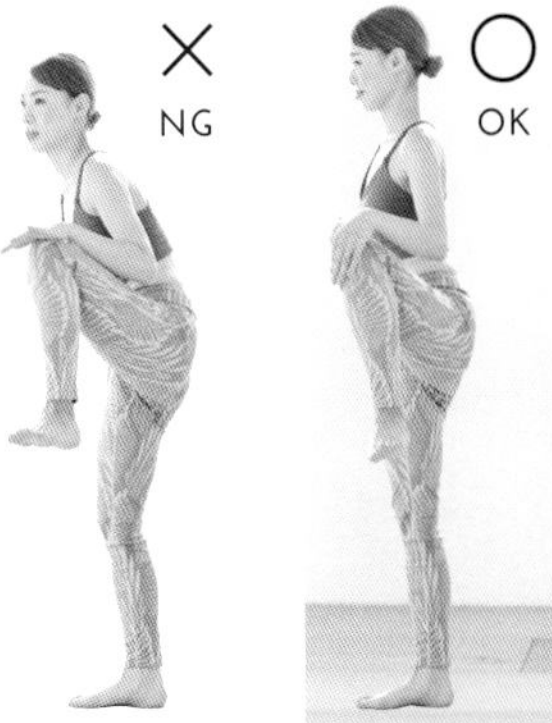

お悩み

ふくらはぎのししゃも状態を脱出して ひざ下スラリなスリム脚に！

ふくらはぎが太いから一生懸命鍛えなきゃ…

ストップ！　ポチャ子さんのふくらはぎ、十分に筋肉がついています。これ以上鍛えたらパンパンになっちゃうよ！

筋肉不足で脂肪がついていると思ってました

ふくらはぎが太いのはむくみと冷えね。着圧タイツでむくみを取ろうとする人も多いけれど、根本的な解決にはならないから、おすすめできません。それから、脚の悩みがある人はアキレス腱もチェック！

アキレス腱!?（鏡に映して見る）

アキレス腱、内側に曲がっているでしょう？　これは足裏にゆがみがある証拠。バランスよく立てないから、ふくらはぎの負担が増えて筋肉が張っちゃうの。足指ほぐしでゆがみを改善してほしいな

ふくらはぎのヒラメ筋や腓腹筋は、立ったり歩いたりするだけで十分鍛えられています。ふくらはぎの筋トレは、がんばり筋を育てるだけなのでNG。ふくらはぎが太いのは、血流やリンパの滞りによるむくみです。流れない老廃物が冷えて固まって脚を太く見せるのです。プラス、筋肉が張っていると、太見えが加速！

ふくらはぎの筋肉が張る原因のひとつが、足裏や足首のゆがみ。足指が硬く、足裏アーチが崩れてしまうと、足裏や足首がゆがみやすくなります。足指を動かすことも習慣にしましょう。

ひざ下スラリになれないわけ

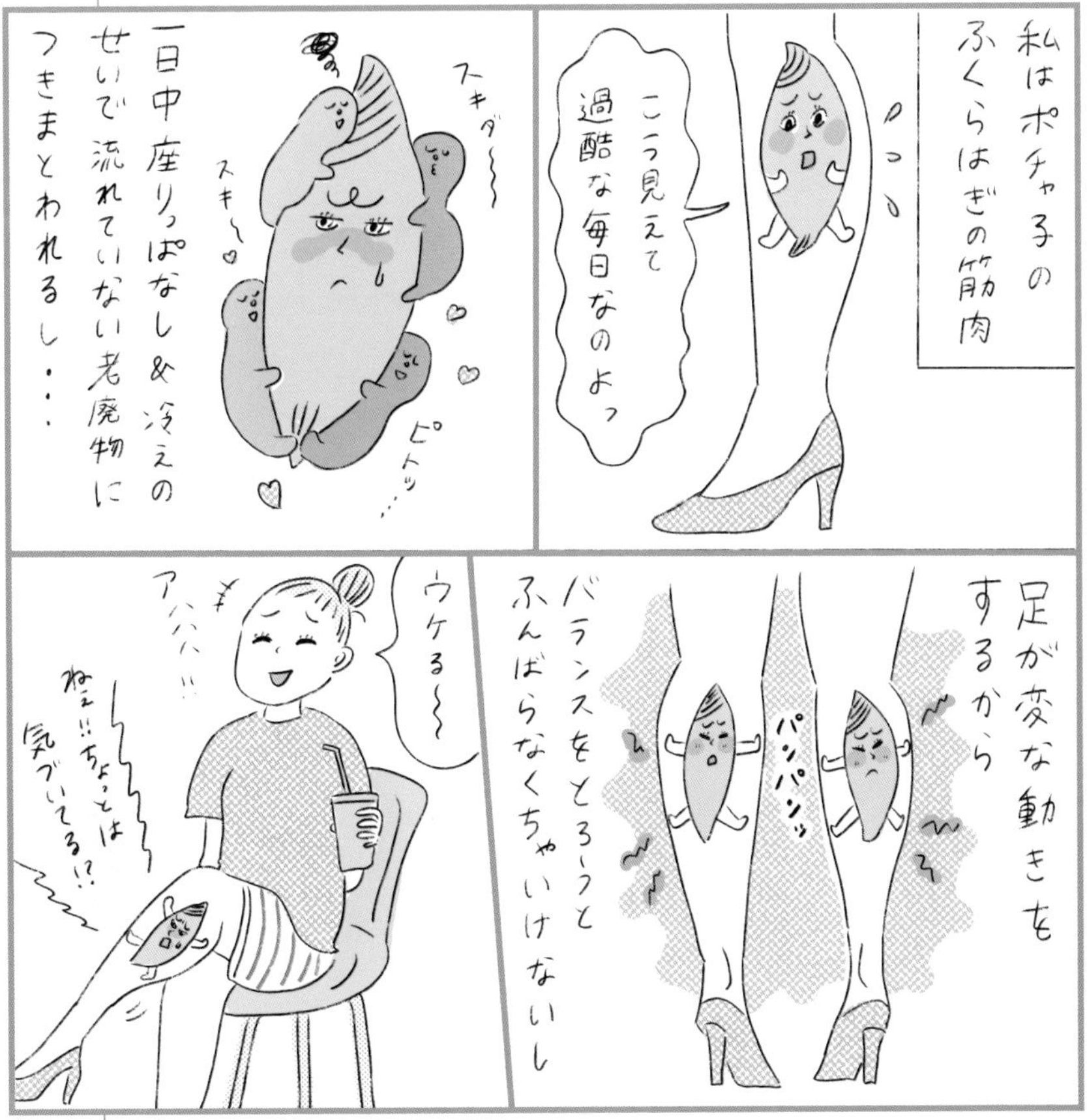

まとめ

- ふくらはぎは鍛えたら太くなるだけ
- ふくらはぎやせのためには筋ほぐしを！
- 足裏アーチを整える足指ほぐしもふくらはぎやせに効果的

ししゃも脚を改善する

お姫様おじぎ

アキレス腱、ふくらはぎ、ひざ裏が気持ちよく伸びる筋ほぐしです。

目標

左右各30秒キープ

動画はコチラ

STEP 1

左足を前に出す

足を腰幅に開いて真っすぐ立ちます。猫背になったり背中を反らせたりしないよ。左足は一歩前へ、右足は一歩下がり、左足のつま先を浮かせます。軽く浮かせるんじゃなく、つま先が天井を向くようにしっかりね。これだけでふくらはぎが伸びるでしょ？　そのまま鼻から大きく息を吸います。

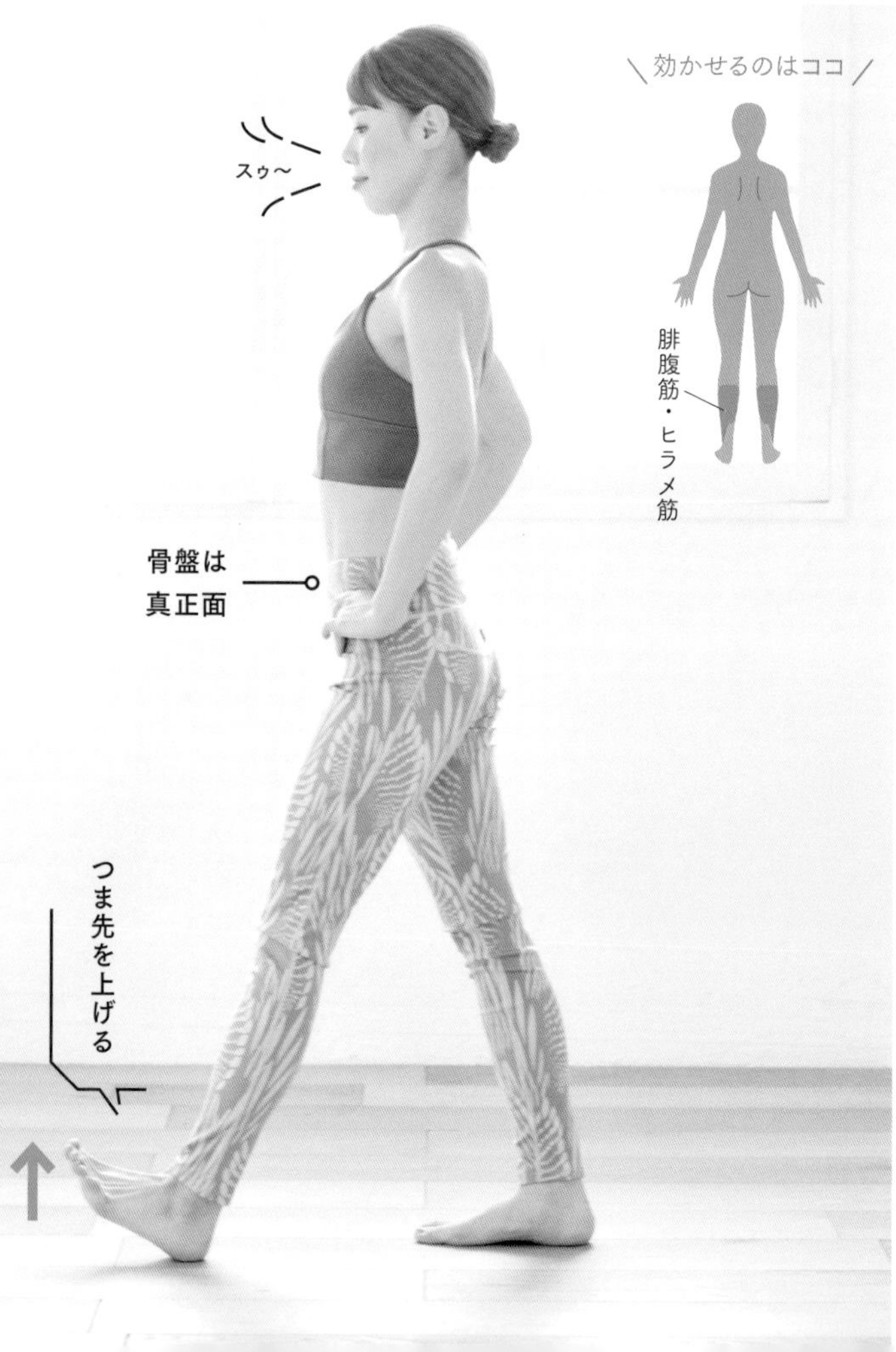

ここが変わる!

脚を動かすと軽く感じる

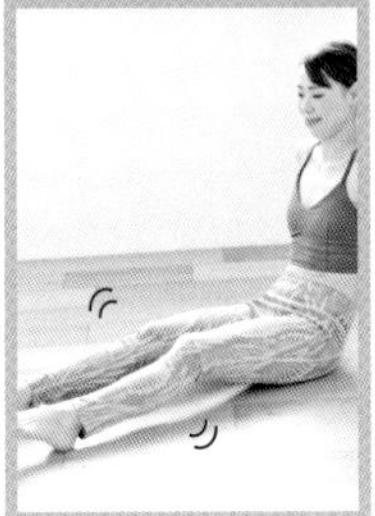

STEP 2

上体を倒す

息を吐きながら、ゆっくり上体を倒していきます。股関節から曲げていきましょう。ふくらはぎから裏ももがグ〜ッと伸びるよ。このとき腰や背中を丸めると伸びが甘くなるから注意。胸を張って、背中は真っすぐにね。呼吸を忘れず息を吸って、吐いて。30秒伸ばしたら反対の脚も伸ばします。

× NG!

腰を丸めない

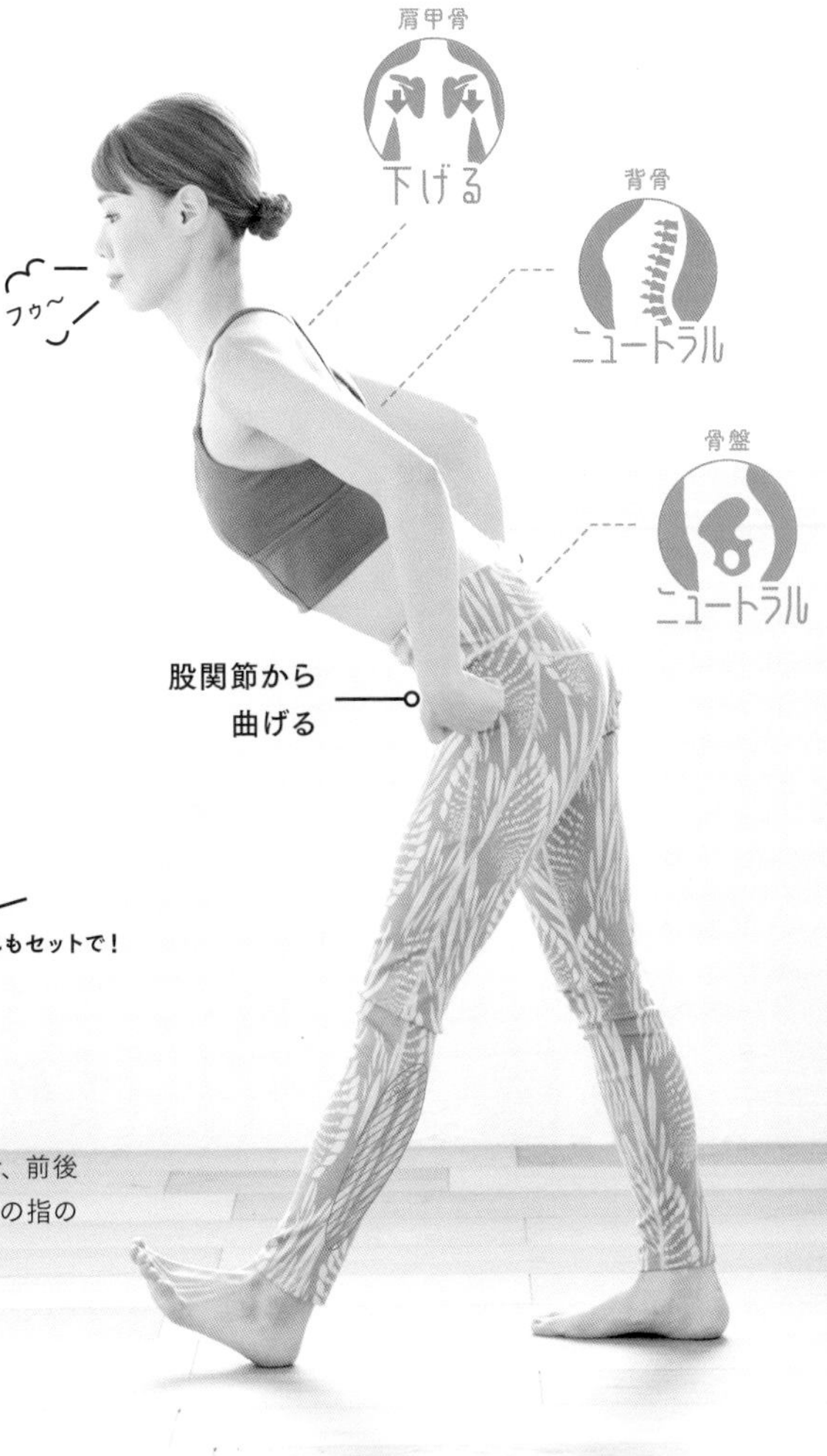

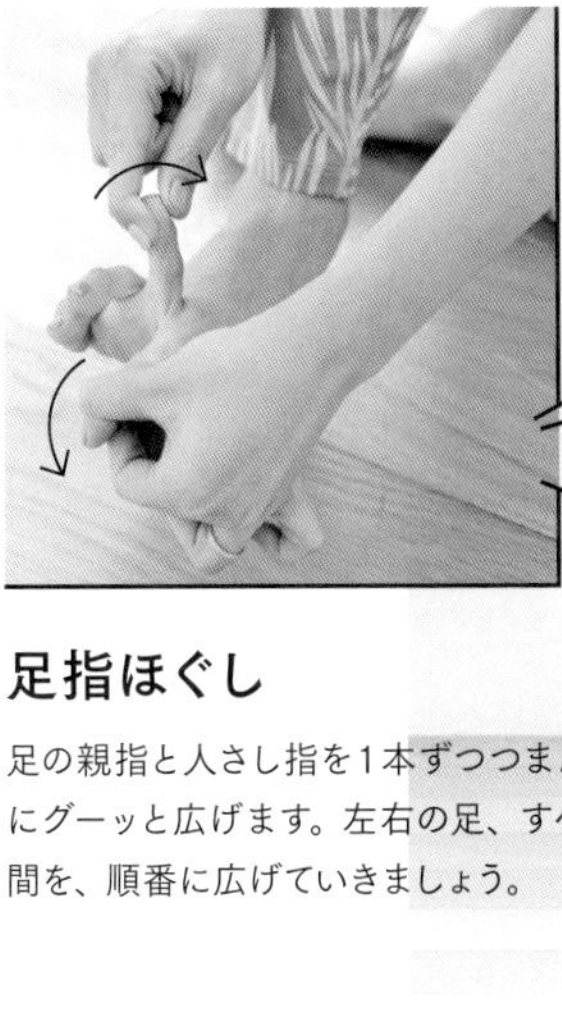

これもセットで!

足指ほぐし

足の親指と人さし指を1本ずつつまんで、前後にグーッと広げます。左右の足、すべての指の間を、順番に広げていきましょう。

お悩み

丸い背中のムダ肉を落として 後ろ姿美人になりたい！

この間、後ろから「オバさん」って呼び止められました（泣）

背中についた脂肪は老け見えの元ね。でも背中の脂肪は、ポチャ子さんが毎日がんばっている証拠よ

え？　運動をサボったから脂肪がつくのでは？

首から肩、背中にかけてついている僧帽筋は、上部が使われると中部と下部がなまけがち。そこに肉がつくの。上部は肩を上げる筋肉。デスクワークなど前のめりの姿勢で使われ続けます。ストレスで肩が上がるときも縮むから、がんばり屋さんほど僧帽筋上部は縮みやすいの

わかってくれるんですね～（ウルウル）

上部をほぐせば、中部と下部が働き出すから安心して。しっかりほぐして、休ませてあげようね！

首から肩、背中に広がる僧帽筋。3つの部位で働きが異なり、上部は肩甲骨を引き上げる、中部は内側に寄せる、下部は引き下げます。上部を使いすぎると肩は上がりっぱなしの猫背に。すると中部、下部が使われず、背中に脂肪がつきます。

長時間のスマホ操作で起こりやすいストレートネック（首の骨が直っすぐになった状態）も、猫背を悪化させ、背中太りを増長する一因。ストレートネックや猫背を直すために、あごから鎖骨へと伸びる胸《きょう》鎖《さ》乳《にゅう》突《とつ》筋《きん》や、首の後ろのインナーマッスルをほぐしてあげましょう。

まとめ

- 背中やせには僧帽筋上部をほぐす
- 胸鎖乳突筋をほぐしてストレートネックを改善
- 首の後ろのインナーマッスルもほぐす

肩まわりのハリをほぐす

首横伸ばし

首から肩にかけてつながっている僧帽筋上部のカチコチをほぐします。

目標
左右各30秒キープ×2回

動画はコチラ

STEP 1

頭と肩に手を置く

あぐらをかいて座ります。骨盤は立てて、背骨を真っすぐに。頭頂部から尾てい骨まで串が刺さっているイメージです。肩甲骨は下ろしましょう。肩を後ろに回すと下がりやすくなりますよ。右手を左の耳に、左手は肩に当てます。その姿勢のまま息を吐き、おなかに力が入るのを感じましょう。

STEP 2

頭を右に倒す

鼻から息を吸い、吐きながら頭を真横に倒します。このとき、左手で肩を下げて、そのままあごと目線を左斜め上に向けます。頭が前に出ないように注意ね。吸って、吐いて、呼吸を忘れないで。あごと肩を遠く離して30秒キープ。2回やったら、反対側も同じように伸ばしましょう。

ここが変わる!

肩が回しやすくなる

肩スッキリ!

フゥ~
あごは斜め上に向ける
肩が巻いて前に出ないように

ストレートネックを直す
鎖骨下ろし

顔を横に向けるとボコッと浮き上がる胸鎖乳突筋をほぐしていきます。

目標

左右各30秒キープ×2回

動画はコチラ

STEP 1

鎖骨に手を置く

あぐらをかいて座りましょう。背骨は真っすぐにして、骨盤は立てますよ。肩をグルッと後ろに回して肩甲骨を下げます。鼻から息を吸ってからフーッと吐いて、肋骨を締めて下腹に力を入れる。それから両手を重ねて左の鎖骨に置きましょう。鼻から息を吸い、吐きながら頭を真横に倒します。

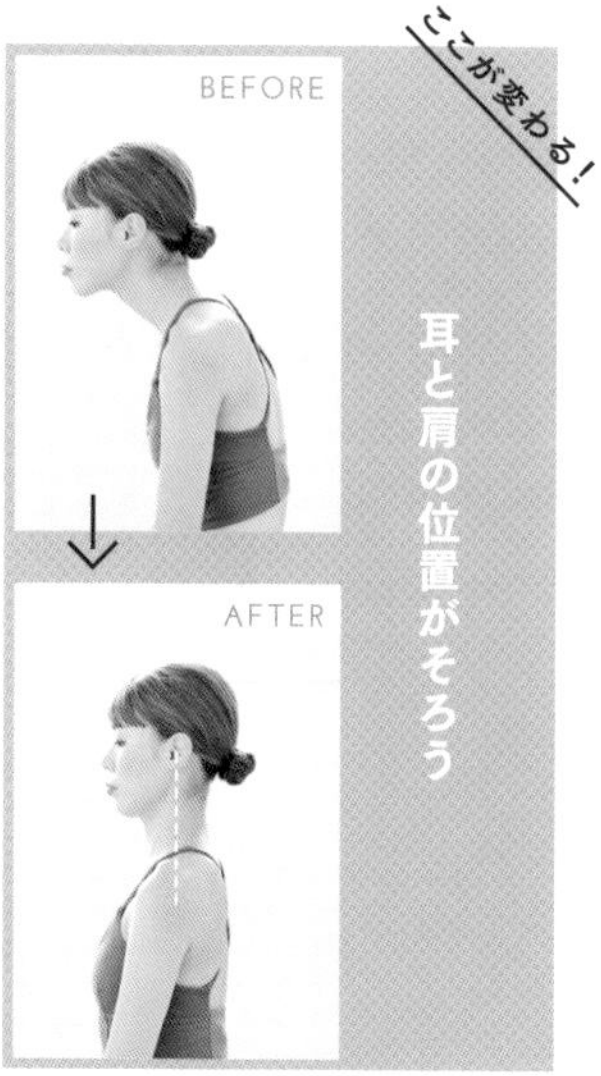

STEP 2

頭を右に倒す

両手で鎖骨を引き下げて、同時にあごと目線を左斜め上に向けましょう。あごと鎖骨を遠く離して。少ししか上げられない人も、続けるうちにあご先と鎖骨の距離が広がります。呼吸しながら30秒キープ。2回やったら、反対側も同じように伸ばします。

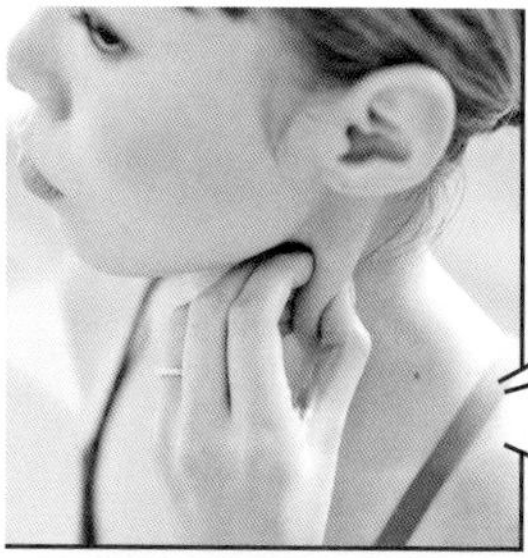

胸鎖乳突筋マッサージ

胸鎖乳突筋を指でほぐすのもストレートネック解消に効果的。前後から軽くつまんでもみます。上へ、下へ左右各30秒行いましょう。

背中を反らしやすくする あおむけ前へならえ

猫背でいつも縮んでいる、背中を反れるようにします。

動画はコチラ

目標

10秒キープ × 3回

STEP 1

ひじを床につく

あおむけになり、足を肩幅に広げて伸ばします。頭は後頭部の下のほう、頭のつけ根を床につけます。あごは引いて、わざと二重あごにしましょう。そうしたら、前へならえするみたいにひじを曲げます。腕はペターッと床とわき腹につけちゃってください。そのまま胸を張ります。

＼効かせるのはココ／

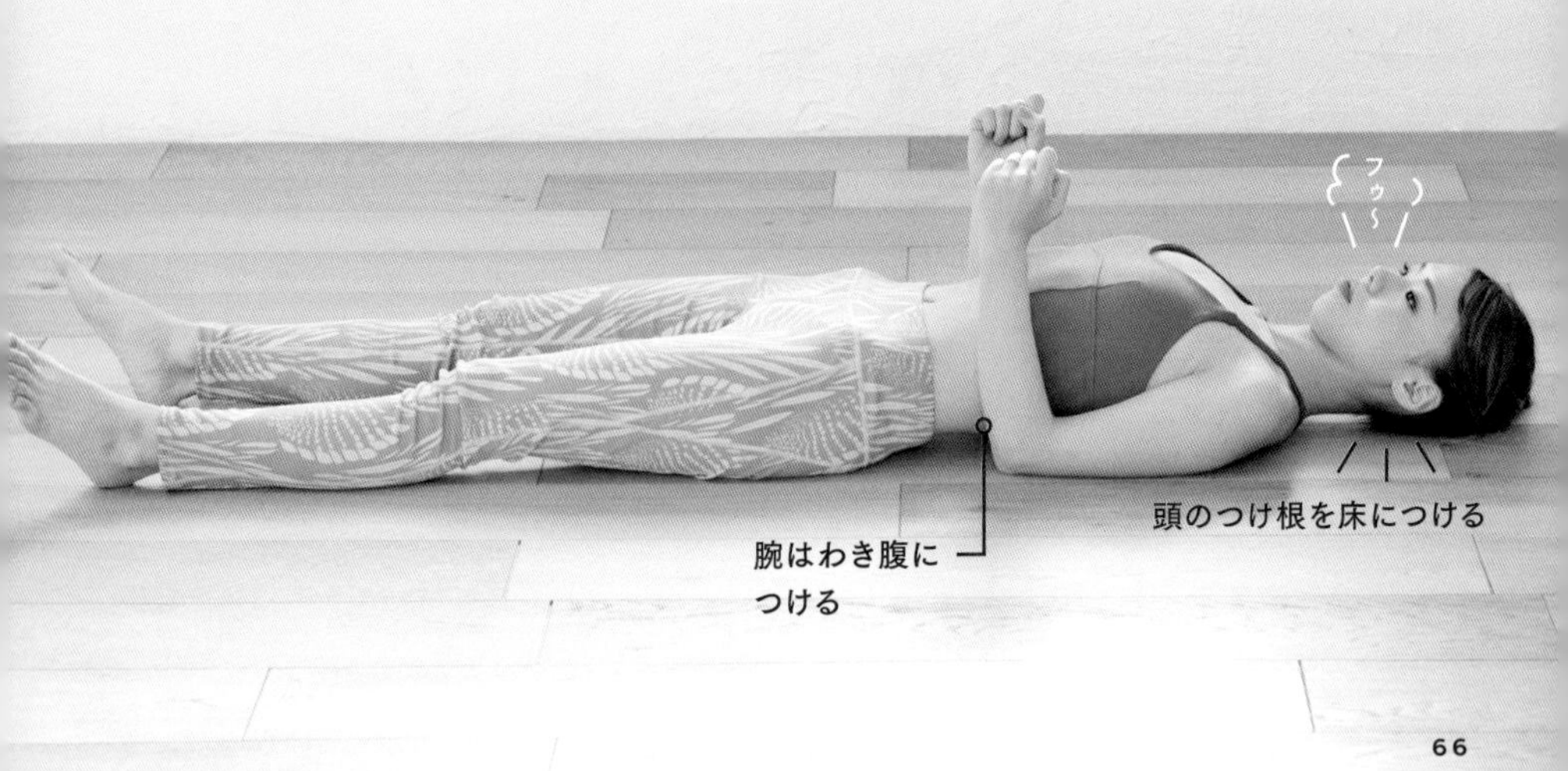

ここが変わる!

**あごを引いて
背中を
反らしやすくなる**

STEP 2

ひじで床を押し胸を張る

息を吐き、鼻から吸いながら、ひじで床を押して胸を上げます。このとき頭のつけ根は床から離しません。頭を下げようとするとあごを上げちゃう人が多いけれど、あごは引いたままです。胸を張って背中を反らして、呼吸を止めず10秒キープ。少し休んだら、あと2回やっていきましょう。

× NG!

あごを浮かせない

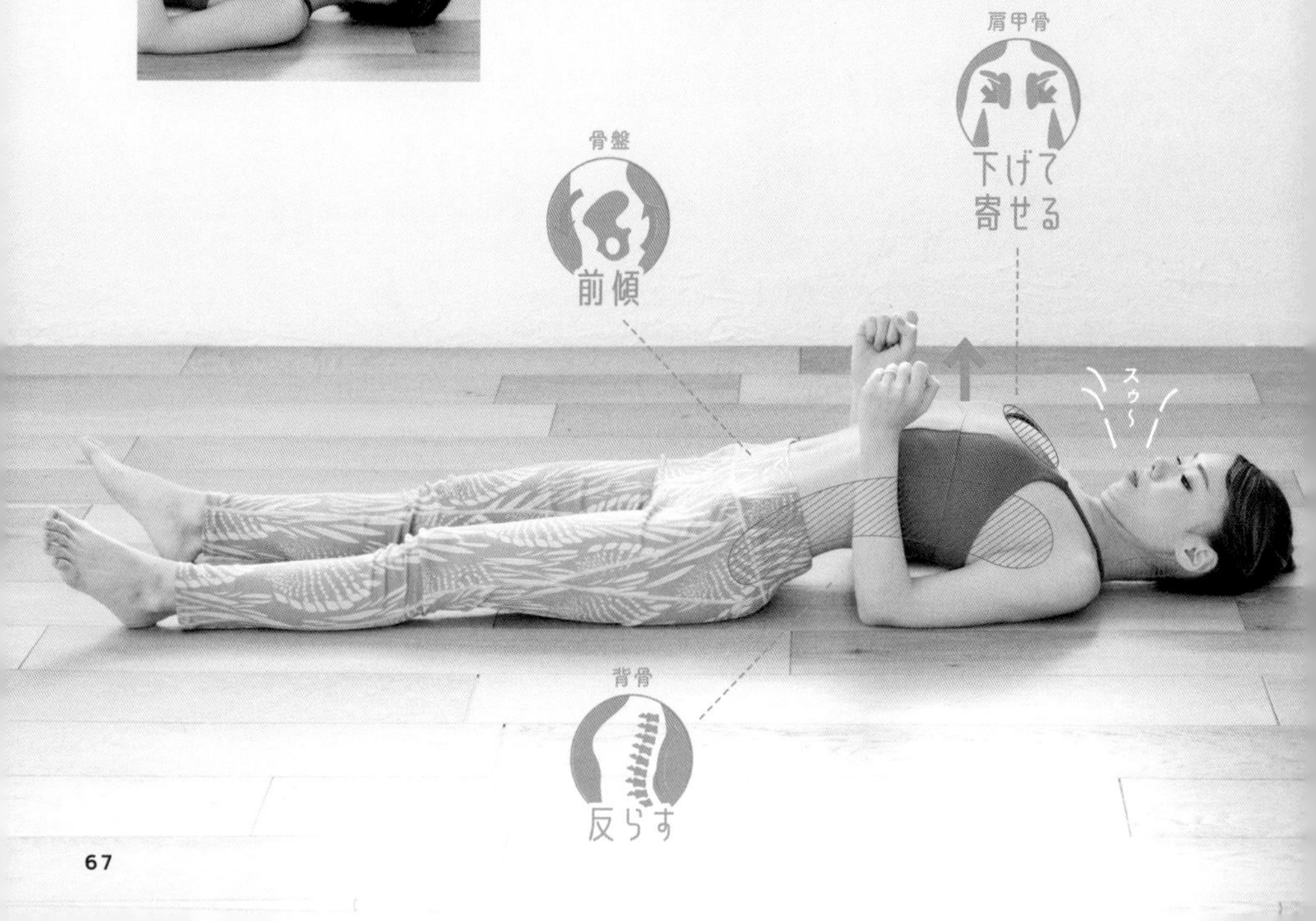

COLUMN

がんばり筋ほぐしにプラスしたいやせる食事術

早めの夕食で翌朝までプチ断食

ダイエットの結果を早く出すには、食事も見直すのがおすすめです。

NGなのは寝る直前に食べること。というのも、睡眠中には代謝を高める働きのある成長ホルモンが分泌されますが、おなかいっぱいで眠ると、その分泌が鈍るからです。寝る直前に食べたエネルギーは動いて使いきることができず、そのまま脂肪としてついてしまうのも問題。

寝る直前まで食べる習慣のある人は、16時間断食で食事リズムをリセットしましょう。この方法は3食しっかり食べてOK。特に昼は、軽く済ませず、肉や魚をガッツリ食べましょう。そして早めの夕食を15時までに終え、16時間後の翌朝7時まで何も食べません。

長期間続けると、15時以降は代謝が鈍る体質になってしまうので、1週間だけ。それ以降は朝食をしっかりとり、19時までの早めに夕食を済ませるというリズムをキープしましょう。

PART 3

スピーディにやせる！なまけ筋たたき起こしトレーニング

がんばり筋をほぐせば、眠っていたなまけ筋が働きやすい状態に。このときが筋トレ効果を最大限高める、絶好のチャンスです。くびれや小尻など、理想のラインにデザインしましょう。

美ボディラインを定着させる

なまけ筋をたたき起こして がんばり筋の**再発**を**防止**

がんばり筋をほぐすことはボディメイクに必須。でも、それだけでは体はいつか元に戻ってしまいます。というのも、生活習慣や動きのクセはなかなか変えることができないから。同じ生活をしていれば同じところに負荷がかかり続けるので、ほぐしたはずのがんばり筋もまた硬くなってしまうのです。

再びがんばり筋をつくらないためには、ほぐすことと合わせて、なまけ筋をトレーニングでたたき起こすことも必要。なまけ筋が本来の働きを取り戻すことで、がんばり筋の負荷が軽減し、筋肉のアンバランスが根本から改善します。

効果的なボディメイクの順番は、がんばり筋をほぐしてから、なまけ筋トレーニングを行うこと。「昨日ほぐしたから、今日はトレーニングだけ」というやり方はＮＧ。筋肉のクセやゆがみは日々生じるの

がんばり筋ほぐし＋なまけ筋起こしで美ボディメイクが完成

がんばり筋ほぐしだけだと体のクセにより元通りに硬くなりやすく、筋トレだけだとそもそも狙った筋肉に効かせることができません。２つを合わせることで、効率よくボディラインを整えることができます。

で、**必ずトレーニングの直前にほぐすようにしましょう。**本章ではトレーニングごとに、組み合わせたいがんばり筋ほぐしを掲載していますので、参考にしてください。

トレーニングを行ったときに、効かせたい筋肉とは別の場所に刺激を感じるようなら、フォームが崩れてがんばり筋で動いているのかも。骨盤の角度や肩甲骨の位置など、ポイントの指示を再チェックしましょう。また、トレーニング後にP.92のクールダウンを取り入れることで、筋肉の質がしなやかになりますよ。

Let's
なまけ筋起こし♪

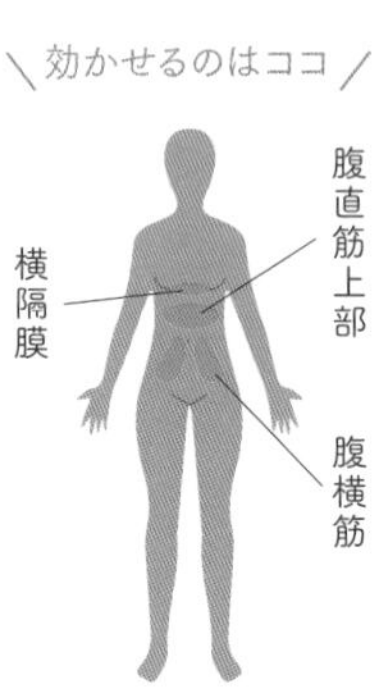

耳ねじカールアップ

10回 目標

動画はコチラ

耳を中心に背骨を巻くイメージで行えば
腰を痛めることなく腹筋に効かせられます。

STEP 1

骨盤を後傾させ おなかに力を込める

息を吐きながらひじを閉じます。肩甲骨が外に広がりますよね。同時に骨盤を後傾させておなかをペタンコに。お尻に力を入れちゃダメ。肋骨を締めておなかだけに力を入れましょう。

START

あおむけになり ひざを立てる

あおむけになり、両ひざはそろえて立てましょう。手は頭の後ろへ、ひじは開きます。そのまま鼻から5秒かけて息を吸い肋骨を広げます。

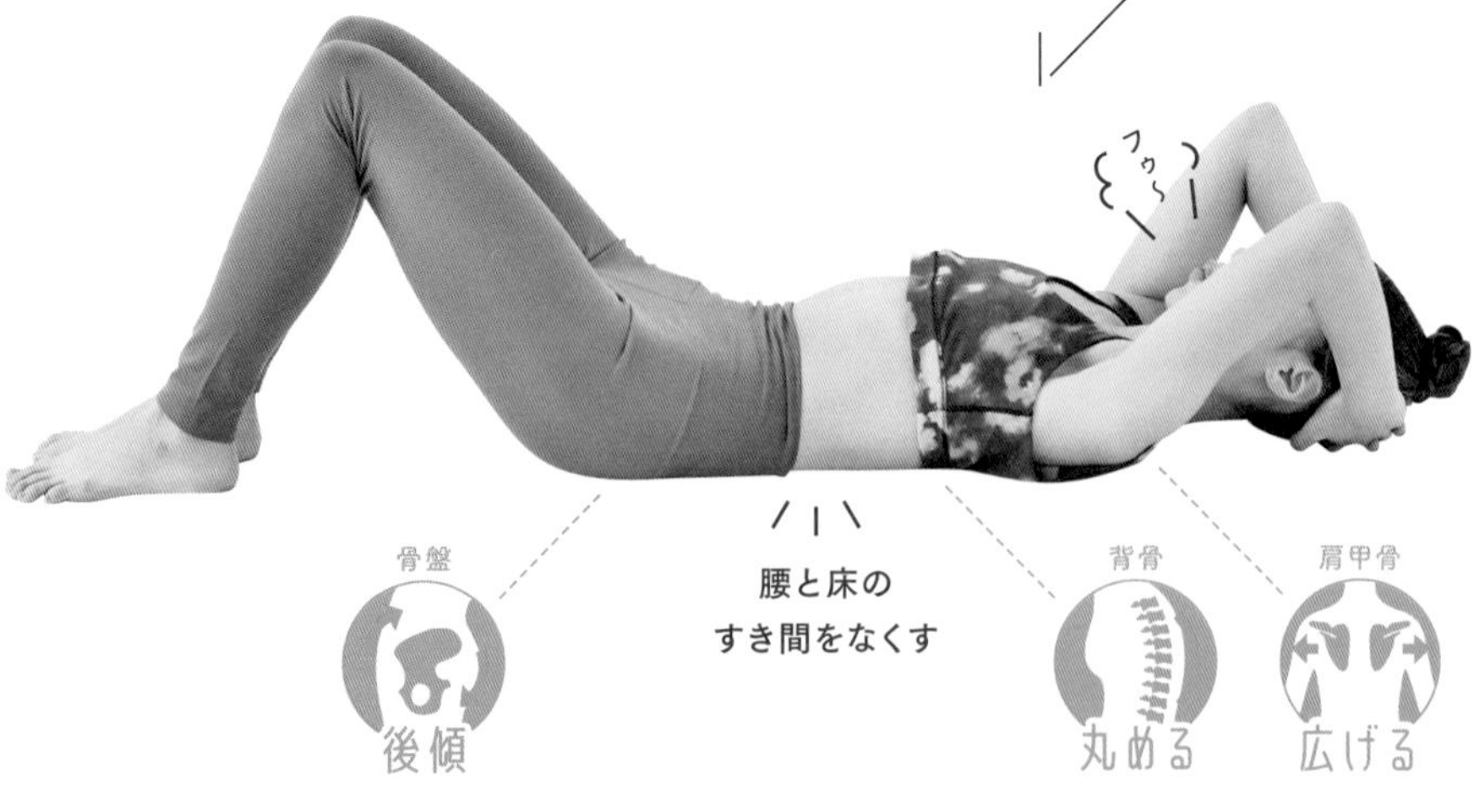

まず先に、やっておきたい筋ほぐし

P. 46

キャットアーチ

P. 44

ゴロ寝時計

STEP 2

背中を丸めて上体を起こす

鼻から息を吸い、8秒かけて吐きながら頭を起こします。おなかはペタンコに。耳にねじが刺さっていて、そこを中心に背骨を1個ずつ床から起こすイメージです。鼻から吸いながら背骨を戻し、10回くり返して。

× NG!

あごを浮かせない

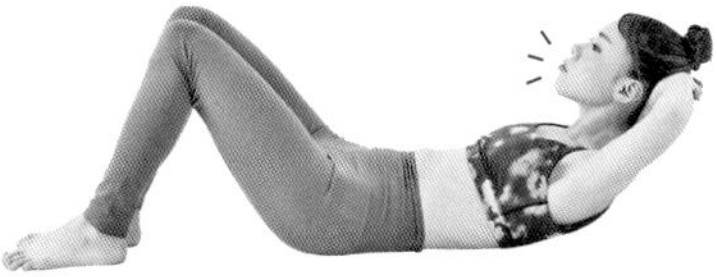

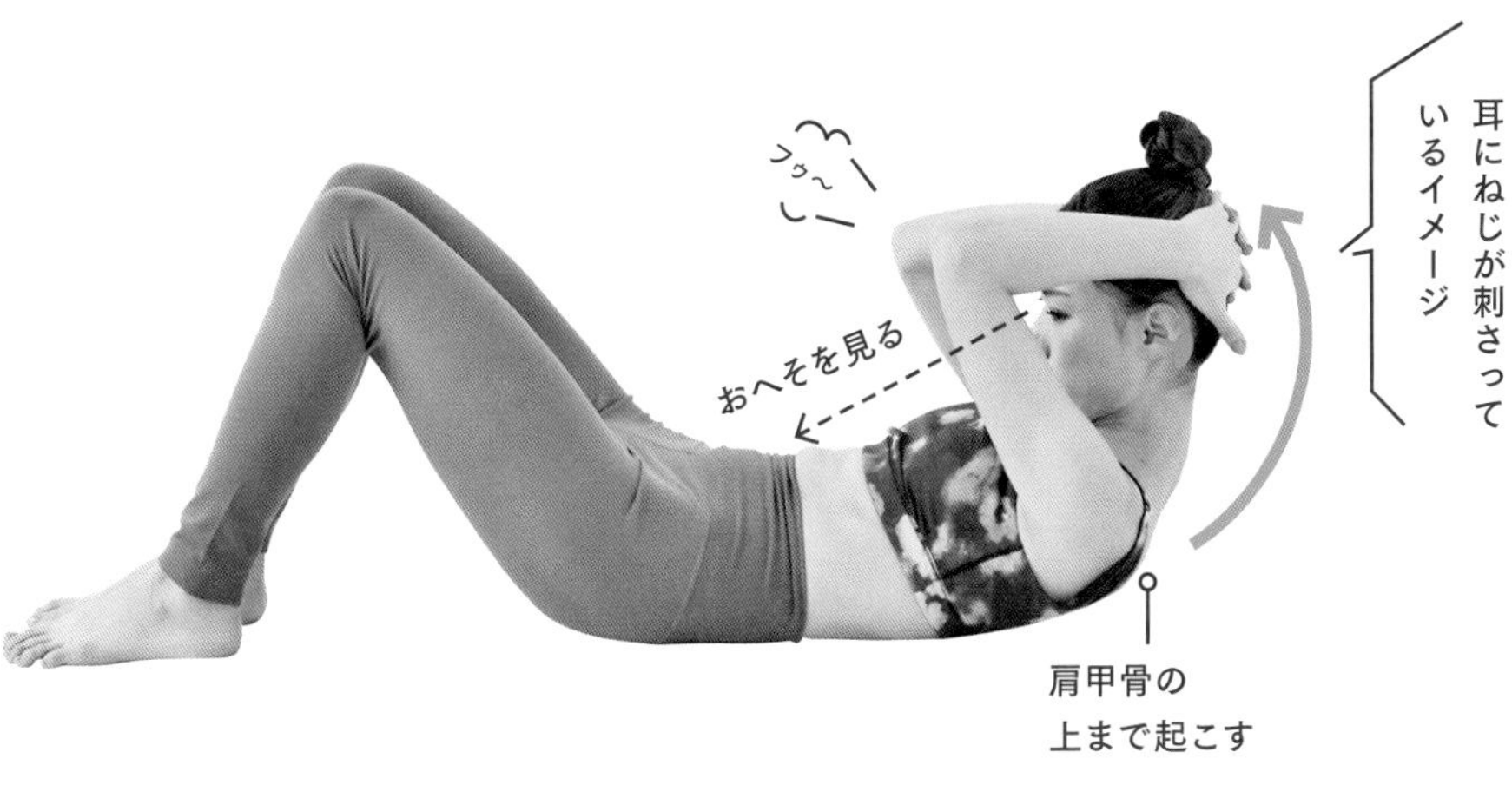
フゥ〜
おへそを見る
耳にねじが刺さっているイメージ
肩甲骨の上まで起こす

＼効かせるのはココ／

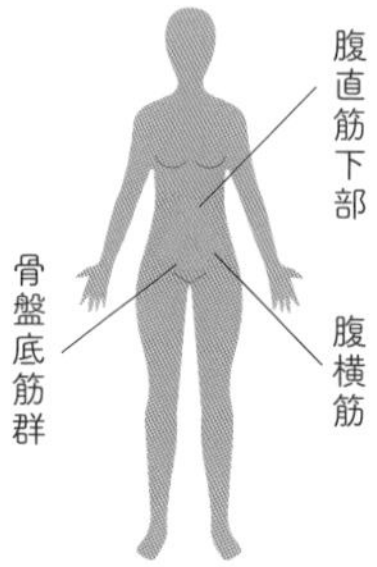

ひざ押し腹筋

左右交互に10回 目標

動画はコチラ

ひざと手で押し合う動きで
腹筋下部への刺激が高まります。

STEP 1

両ひざを浮かせて ひざに手を当てる

股関節を90度、ひざも90度曲げて、両手をひざに添えます。ここで鼻から息を吸い、肋骨を広げましょう。

START

息を吐き肋骨を締める

あおむけになり、ひざをそろえて立てます。鼻から息を吸い肋骨を広げ、吐きながら肋骨を締めて骨盤を後傾。下腹に力が入るのを感じましょう。腰と床のすき間をつぶします。

まず先に、やっておきたい筋ほぐし

P. 46

キャットアーチ

P. 44

ゴロ寝時計

STEP 2

左右交互に ひざを押し脚を伸ばす

× NG!

腰を浮かせない

左脚を伸ばして両手は右ひざに。息を吐きながら、右ひざと手でグーッと5秒押し合います。鼻で息を吸いながら戻したら、右脚を伸ばし、左ひざを曲げて手と押し合います。息を吐くのを忘れずに。左右交互に10回です。

＼効かせるのはココ／

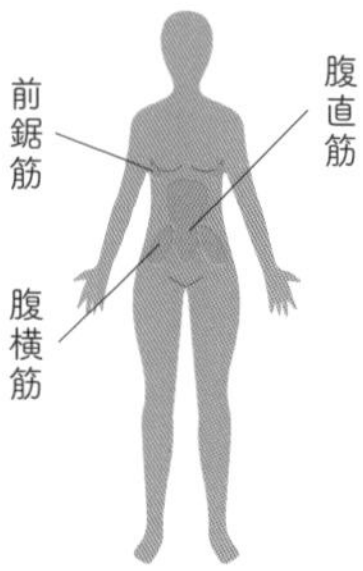

正しいプランク

30秒キープ × 2回 | 目標 |

体を一直線に保つと
おなかにしっかり力が入ります。

動画はコチラ

STEP 1

肩の真下に手をついて よつばいになる

両手、両ひざを床につきます。このとき肩の真下に両手首を置きましょう。肩甲骨がビョーンと広がっているのを感じてね。鼻から息を吸い、吐いて肋骨を締めます。

左右のひざは
こぶし1個分広げる

まず先に、やっておきたい筋ほぐし ≪

P. 46

キャットアーチ

P. 44

ゴロ寝時計

レベルUP↗

腰を丸める

STEP 2

ひざを伸ばして体を一直線にキープする

ひざを伸ばし、つま先で立ちます。頭、肩、かかとを一直線にして、手で床を押しますよ。呼吸を忘れず、30秒キープしましょう。

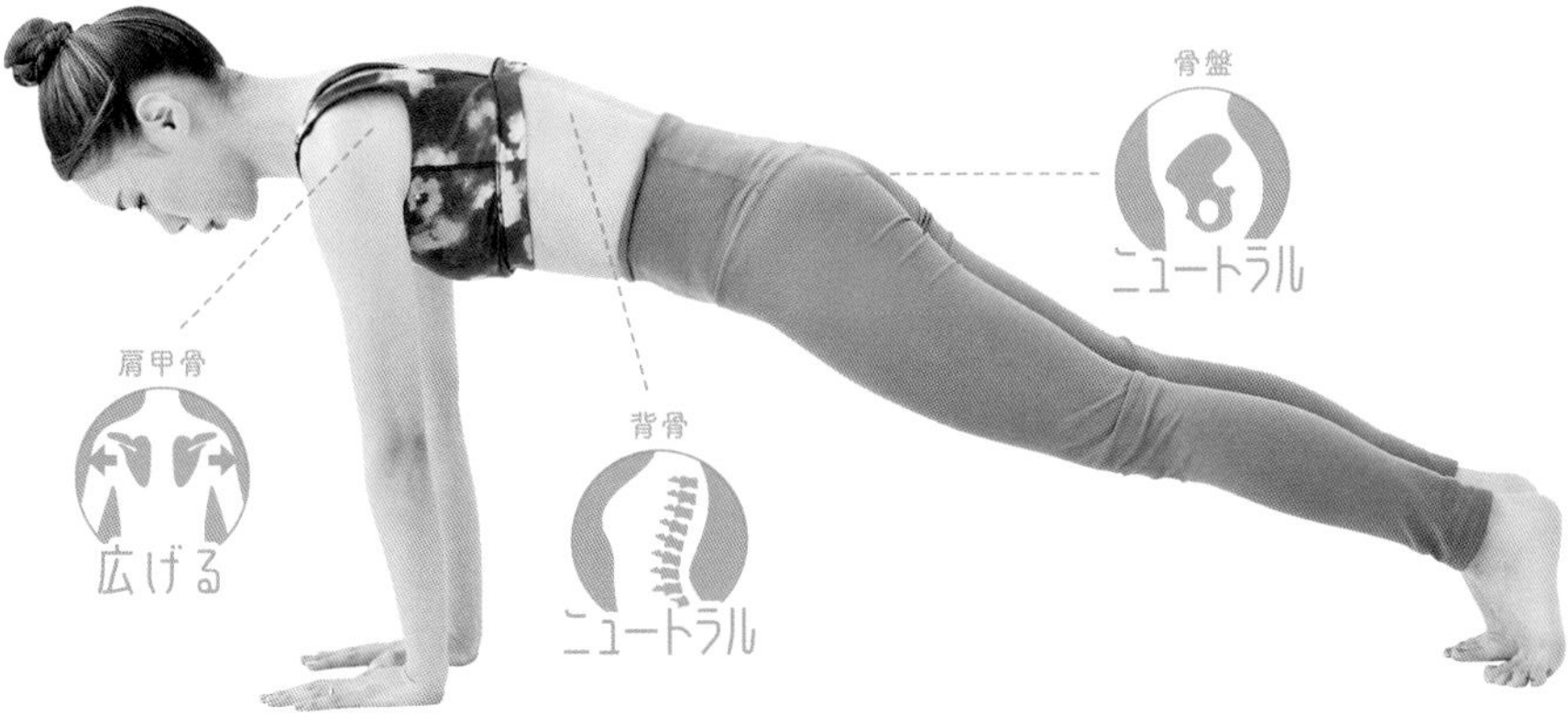

× NG!

＼効かせるのはココ／

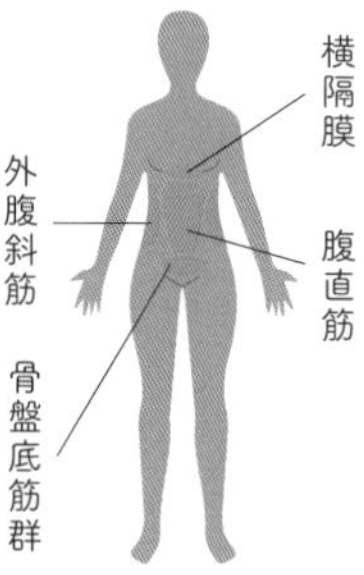

体育座りひねり

10 往復 | 目標

下腹に力を込めて体をひねり、
くびれに効く筋肉を刺激。

動画はコチラ

STEP 1

骨盤を後傾させる

鼻から息を吸い、吐きながらゆっくりと骨盤を後傾させ、背中を丸めましょう。下腹に力が入り、肩甲骨がさらに広がるのを感じられますか？　この姿勢のまま鼻から息を吸いましょう。

START

体育座りで前へならえ

体育座りになり骨盤を立てます。両腕は前へ伸ばすこと。肩甲骨がビョーンと外側へ広がるのを感じてね。

まず先に、やっておきたい筋ほぐし

P. 46

キャットアーチ

P. 44

ゴロ寝時計

STEP 2

上体を左右にひねる

息を吐きながら、上体を左にひねります。ウエストがギュッとくびれるのを感じてね。鼻から息を吸いながら体を正面に戻し、吐きながら右へひねります。10往復くり返しましょう。

×NG!

骨盤が立っている

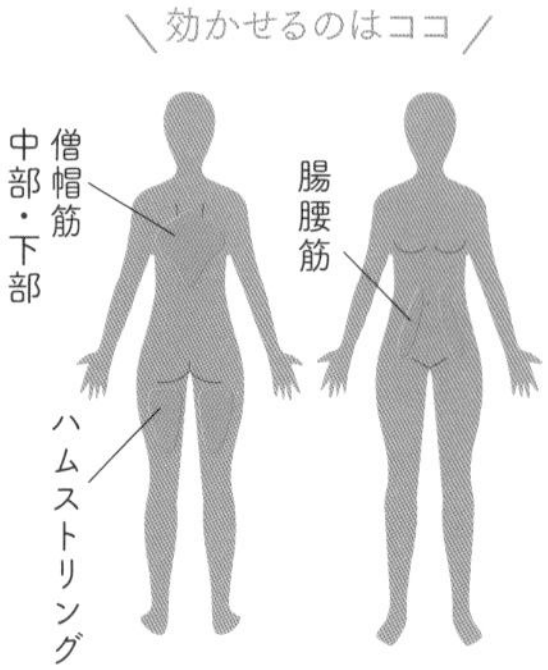

腸腰筋スクワット

10回 | 目標

動画はコチラ

がんばり筋ほぐしとセットでやれば
脚やせ効果は抜群！

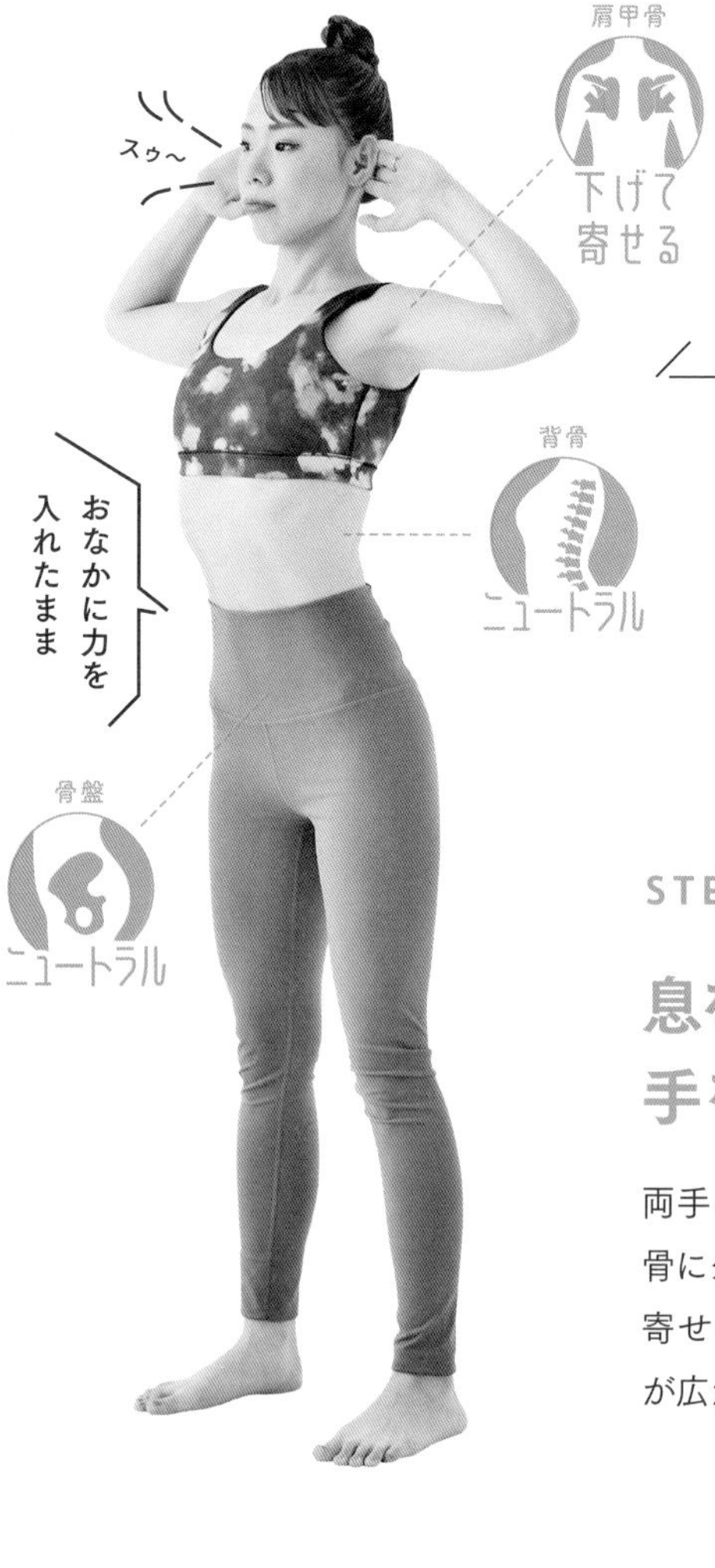

START

肩を回して肩甲骨を下げる

足を肩幅に広げて立ちます。鼻から息を吸いながら肩をグルッと後ろへ回して、肩甲骨を下げましょう。息を吐いて肋骨を締め下腹に力を込めます。これで準備OK！

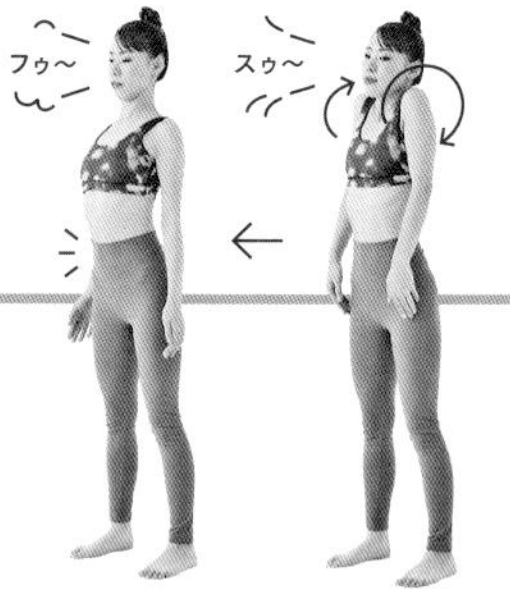

STEP 1

息を吸い手を耳の後ろへ当てる

両手を耳の後ろへ当てましょう。肩甲骨が背骨にグイッと寄りますね。肩甲骨は下げたまま寄せますよ。そのまま鼻から息を吸い、肋骨が広がるのを感じましょう。

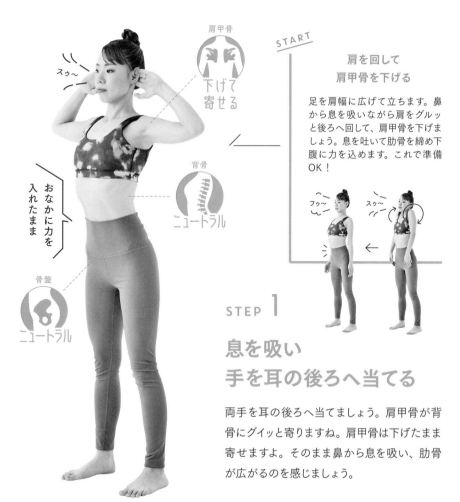

まず先に、やっておきたい筋ほぐし

P. 54

ひざ上げダンス

P. 52

ひざパカ

STEP 2　息を吐きながら腰を落とす

股関節、ひざ、足首を同時に曲げ、息を吐きながら腰を落とします。内くるぶしで踏ん張って、ひざは内側に入れません。戻すときは簡単に上がらず、ゆっくり吸いながらアップ。10回行います。

× NG!

ひざが内側に入る

股関節が伸びている

レベルUP

足を大きく広げると内ももにも効く

深くしゃがみすぎない

ひざはつま先と同じ方向へ向ける

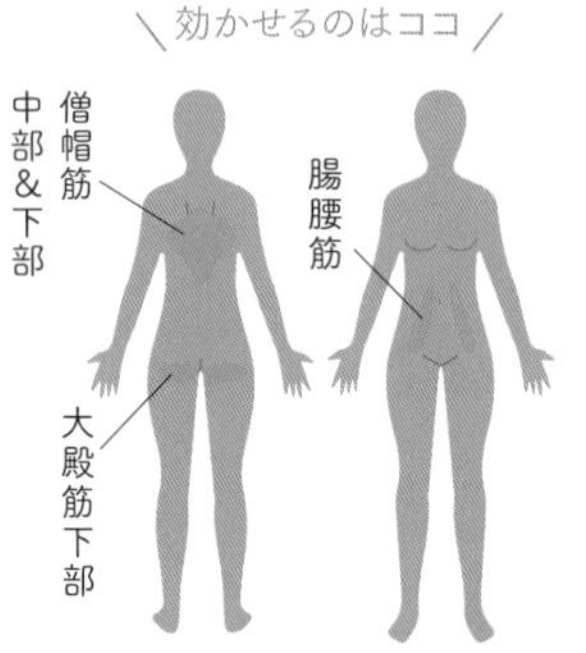

腸腰筋エレベーター

左右各10回 目標

動画はコチラ

脚を縦に開いて腰を落とす動きで
腸腰筋と大殿筋を同時に刺激します。

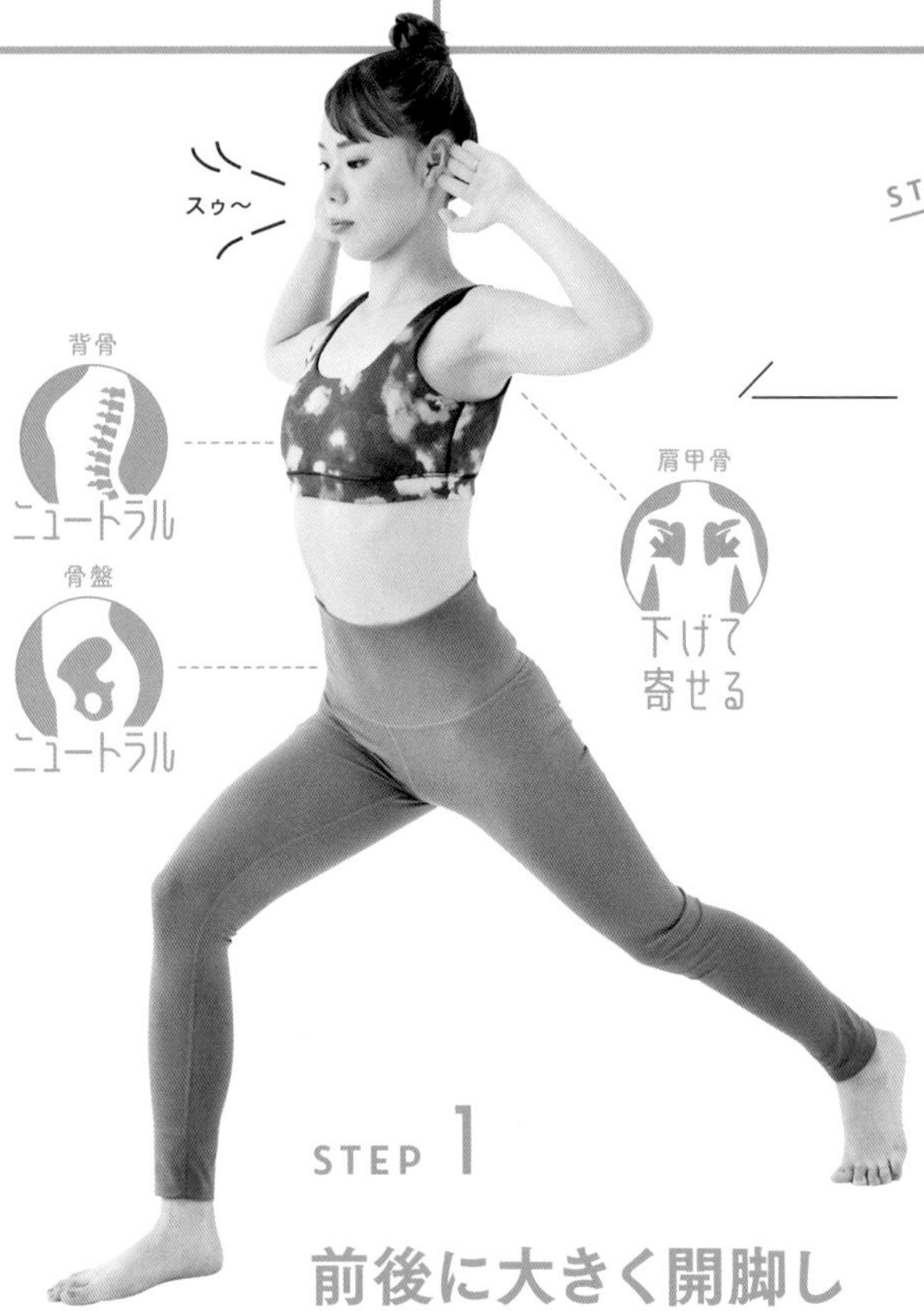

START

肩を回して肩甲骨を下げる

足を肩幅に開いて真っすぐ立ちます。鼻から息を吸い肩を後ろへグルリ。これで肩甲骨が下がります。息を吐き、肋骨を締めて下腹に力を込めましょう。

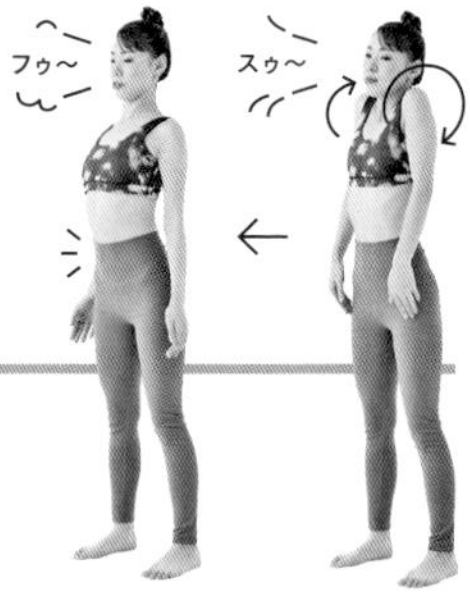

STEP 1

前後に大きく開脚し手を耳の後ろへ当てる

右足を1歩前へ出し、左脚は後ろへ伸ばしてつま先を立てます。続いて両手を耳の後ろへ当て、ひじを外側へ広げます。肩甲骨を背骨にグーッと寄せましょう。鼻から息を吸います。

《 まず先に、やっておきたい 筋ほぐし

P. 52

ひざパカ

P. 54

ひざ上げダンス

STEP 2 右ひざを曲げ腰を落とす

息を吐きながら腰を落とします。胸を張って、腰は反りすぎない。右ひざが内側に倒れないようがまんです。次に鼻から息を吸いながら上がりましょう。10回やったら左右を替えて行います。

× NG!

ひざが内側に入る

背中が丸まる

\ 効かせるのはココ /

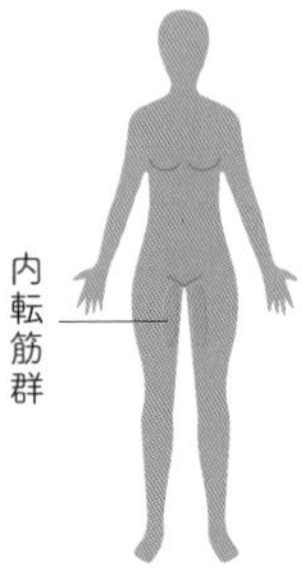

内ももひし形

10回 | 目標 |

動画はコチラ

内ももの内転筋を鍛えて
バレリーナのようなスラリ脚に！

STEP 1

左右の足でタオルを押し合う

鼻から息を吸いながら、左右の足首でタオルを押し合います。これだけで、内ももにジワジワ効いてくるよ〜。

START

息を吐き腰を床につける

あおむけになり、内くるぶしでタオルをはさみます。股関節とひざを90度に曲げて足を浮かせます。鼻から息を吸って肋骨を広げ、吐きながら肋骨を締め、骨盤を後傾させて腰を床につけます。

P. 50

足組みおじぎ

まず先に、やっておきたい筋ほぐし

STEP 2

息を吐きながら ひざをパカッと開く

息を吐きながらひざを開きます。足首でタオルを左右からもっともっとギューッとつぶして。腰と床のすき間はつぶれた状態ですよ。そうしたらまた鼻から息を吸いながらひざを閉じます。10回開閉をくり返しましょう。

\ 効かせるのはココ /

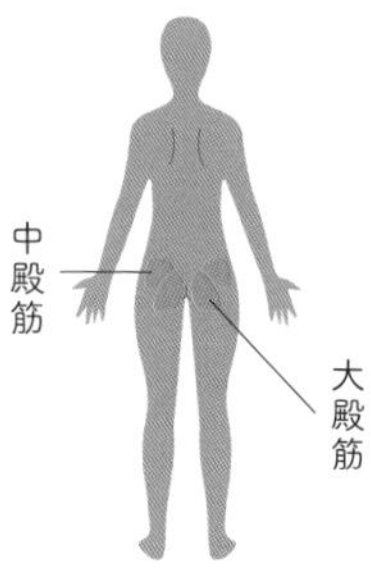

足バンザイ

STEP 1 左右交互に10回

STEP 2～3 5秒キープ×3回

目標

動画はコチラ

お尻をプリッと上げる大殿筋&
骨盤を横から締める中殿筋を刺激。

START うつぶせになり足を広げる

うつぶせになり、手はおでこの下で重ねます。足は肩幅に広げて、足先はかかとを内側、つま先を外側に。お尻にキュッと力が入るよ。鼻から息を吸って肋骨を広げ、吐いて肋骨を締めます。

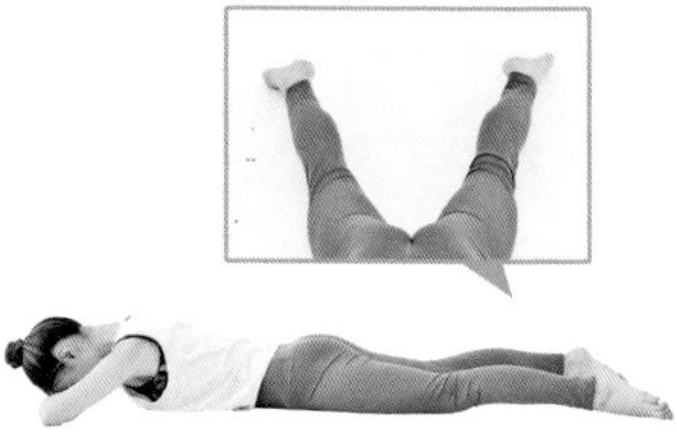

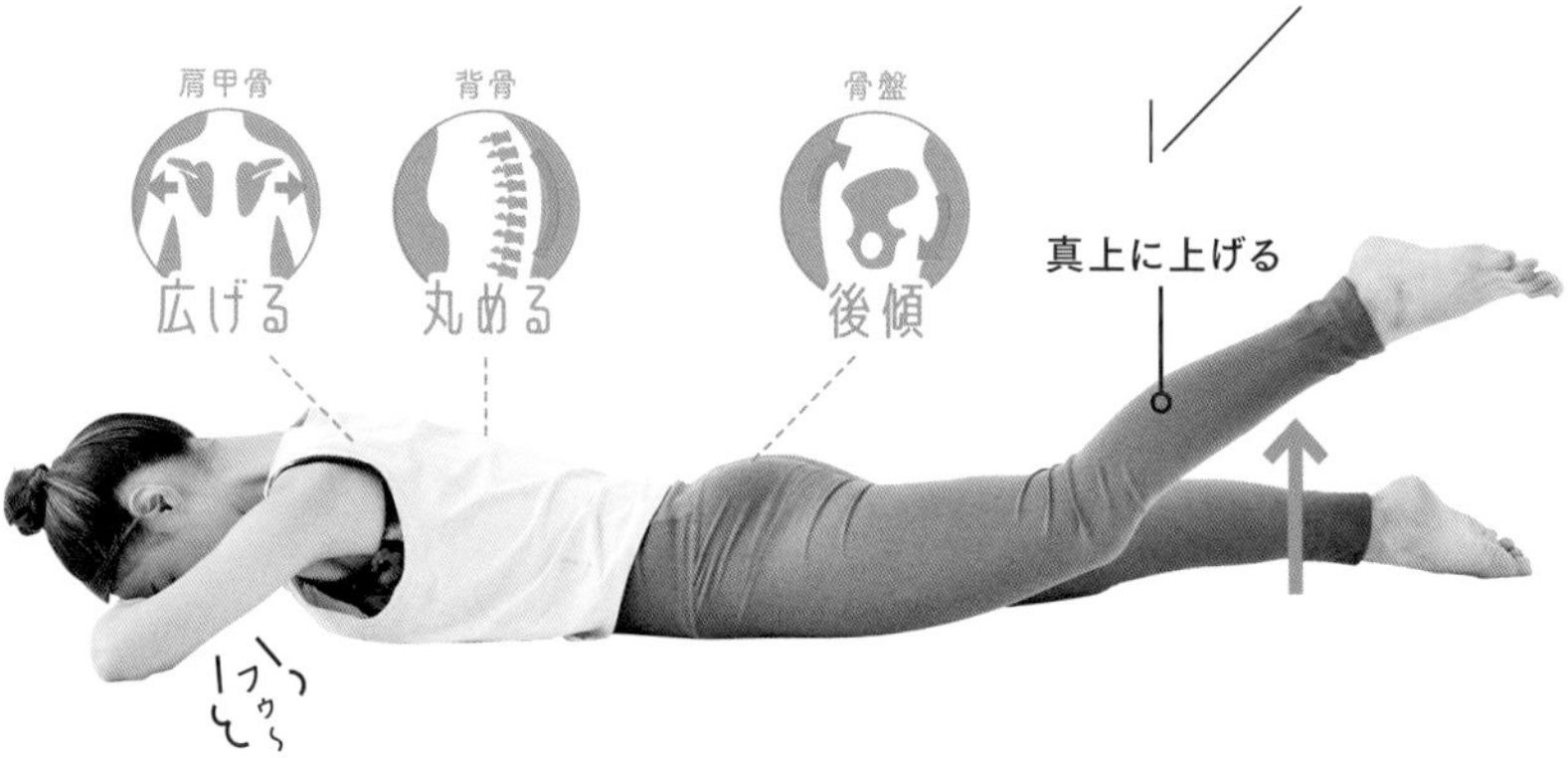

STEP 1 片足ずつ上げ下げする

鼻から息を吸い、吐きながらおなかに力を入れて肋骨を締め、左足を上げます。お尻の力でアップ！　鼻から息を吸いながら下ろし、右足も同じように上げ下ろしします。左右交互に10回大殿筋に効く動きです。

× NG!

腰は浮かさない

P. 50

足組みおじぎ

« まず先に、やっておきたい筋ほぐし

STEP 2　恥骨を支点に両足を上げる

両足を下ろしたまま鼻から息を吸い、吐く息で今度は両足を同時に上げます。骨盤が浮かないように、恥骨を床に押しつけてね。お尻はキュッと締めるよ。

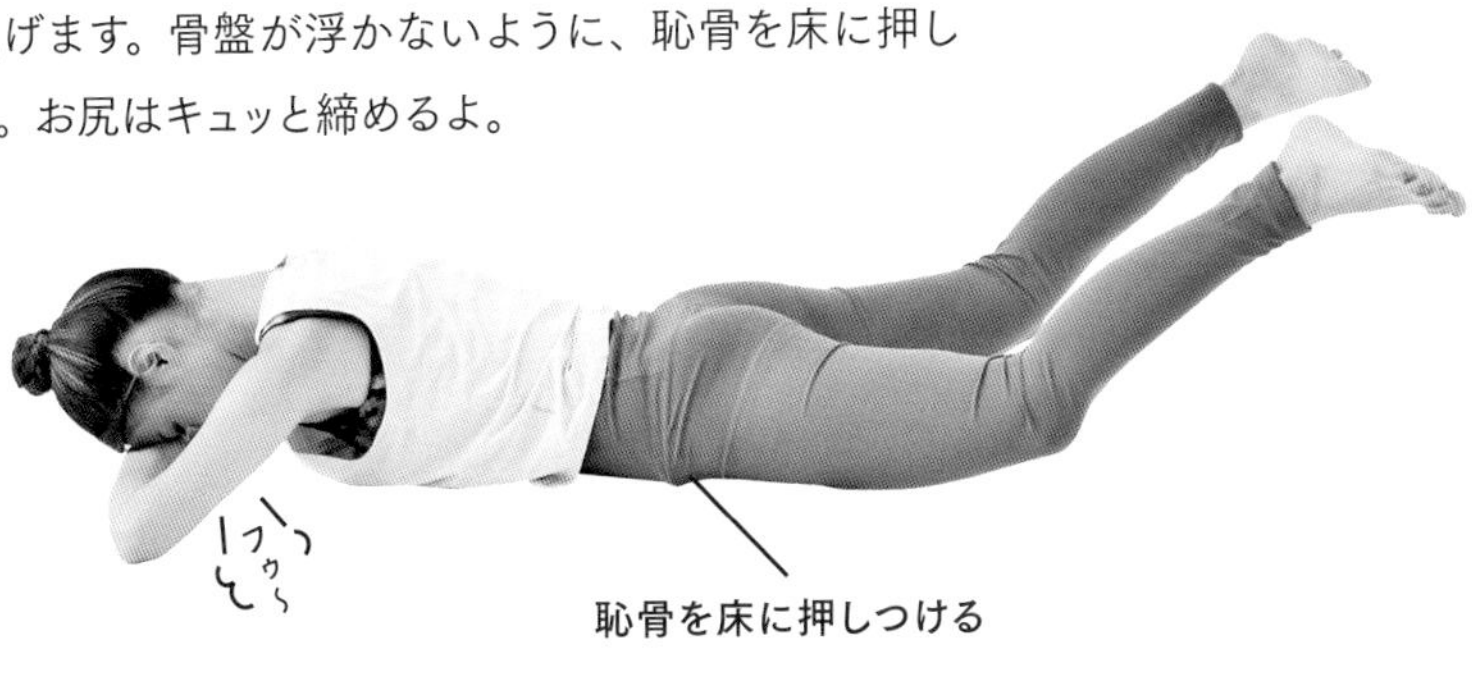

STEP 3　足を広げて5秒キープ

鼻から息を吸い、吐きながら足を広げます。そのまま5秒キープしたら2に戻り再び広げます。3回くり返して。中殿筋にも効くよ。

＼効かせるのはココ／

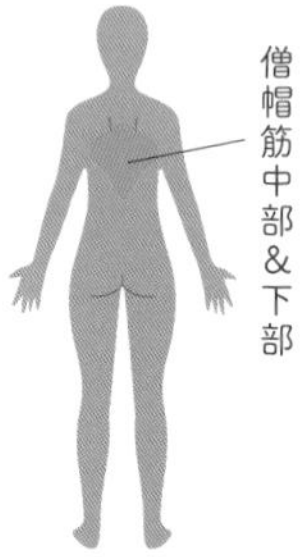

パタパタ羽ばたき

10秒キープ ＋3回 ×3セット 目標

背中の引き締めに効くほか
猫背、巻き肩の改善にも◎！

動画はコチラ

× NG!

アゴは
浮かさない

START

**イスに座り
背中を反らせる**

背もたれに向かってイスにまたがります。肩をグルッと後ろに回し肩甲骨を思いっきり下げて、ひじを引いて寄せる。胸は上から引っ張られるように張りましょう。

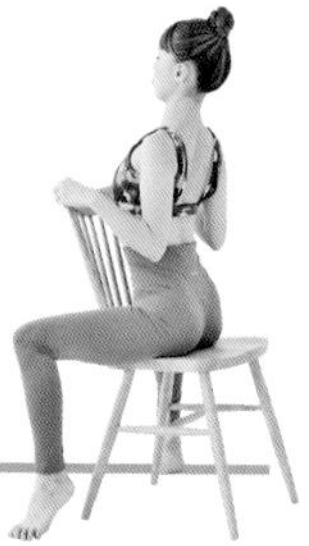

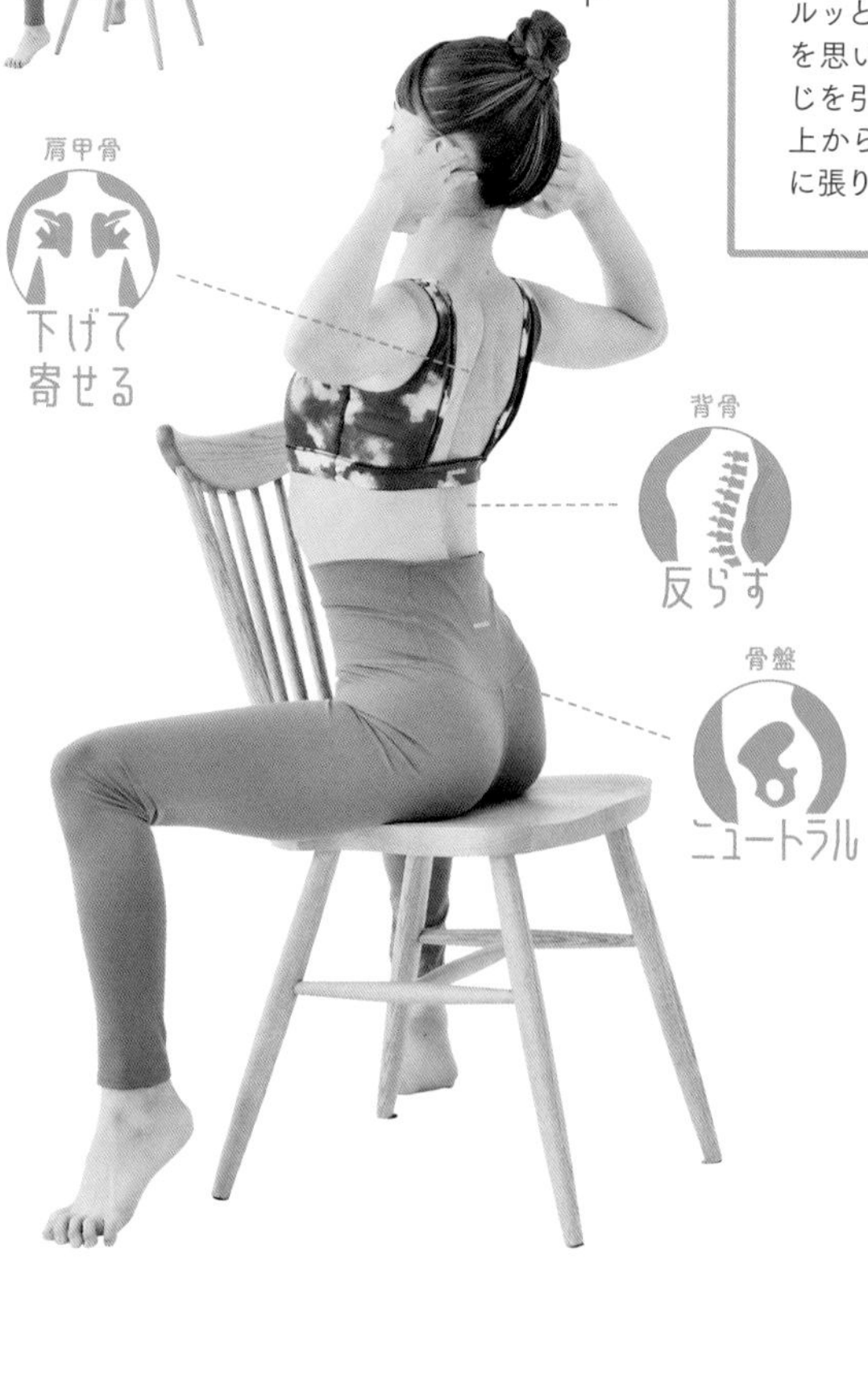

STEP 1

手を耳の後ろに当てて10秒キープ

鼻から息を吸いながら両手を耳の後ろへあて、ひじをしっかり開きます。もっともっと肩甲骨が寄るよ。あごは引いてね。そのまま呼吸を止めず10秒キープしましょう。

まず先に、やっておきたい筋ほぐし

P. 62

首横伸ばし

P. 66

あおむけ前へならえ

STEP 2 息を吐きながら腕を下ろす

息を吐きながら、親指を天井へ向けて腕を下ろします。背中が使われている感覚がありますね。腰を守るためにおなかの力は抜かないよ。鼻から息を吸いながら腕を戻し、上げ下ろしを3回くり返します。

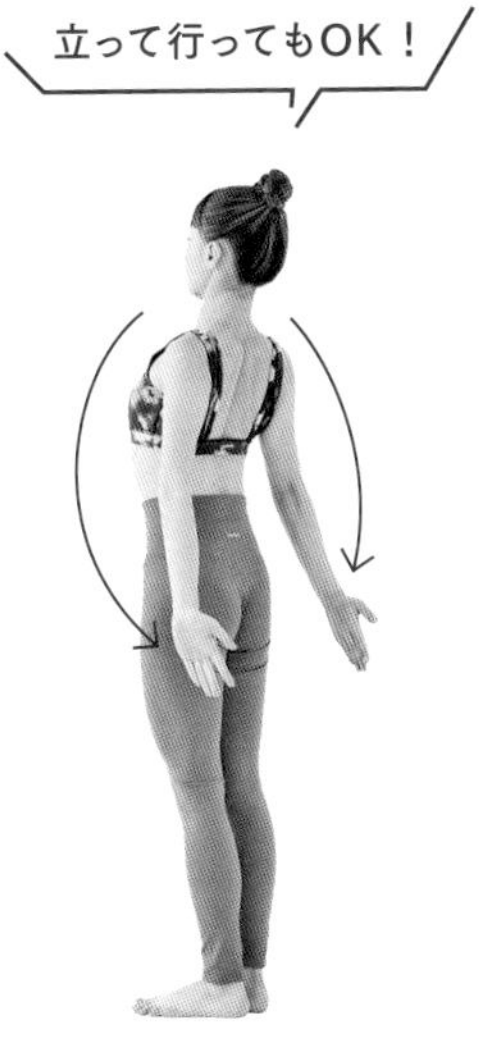

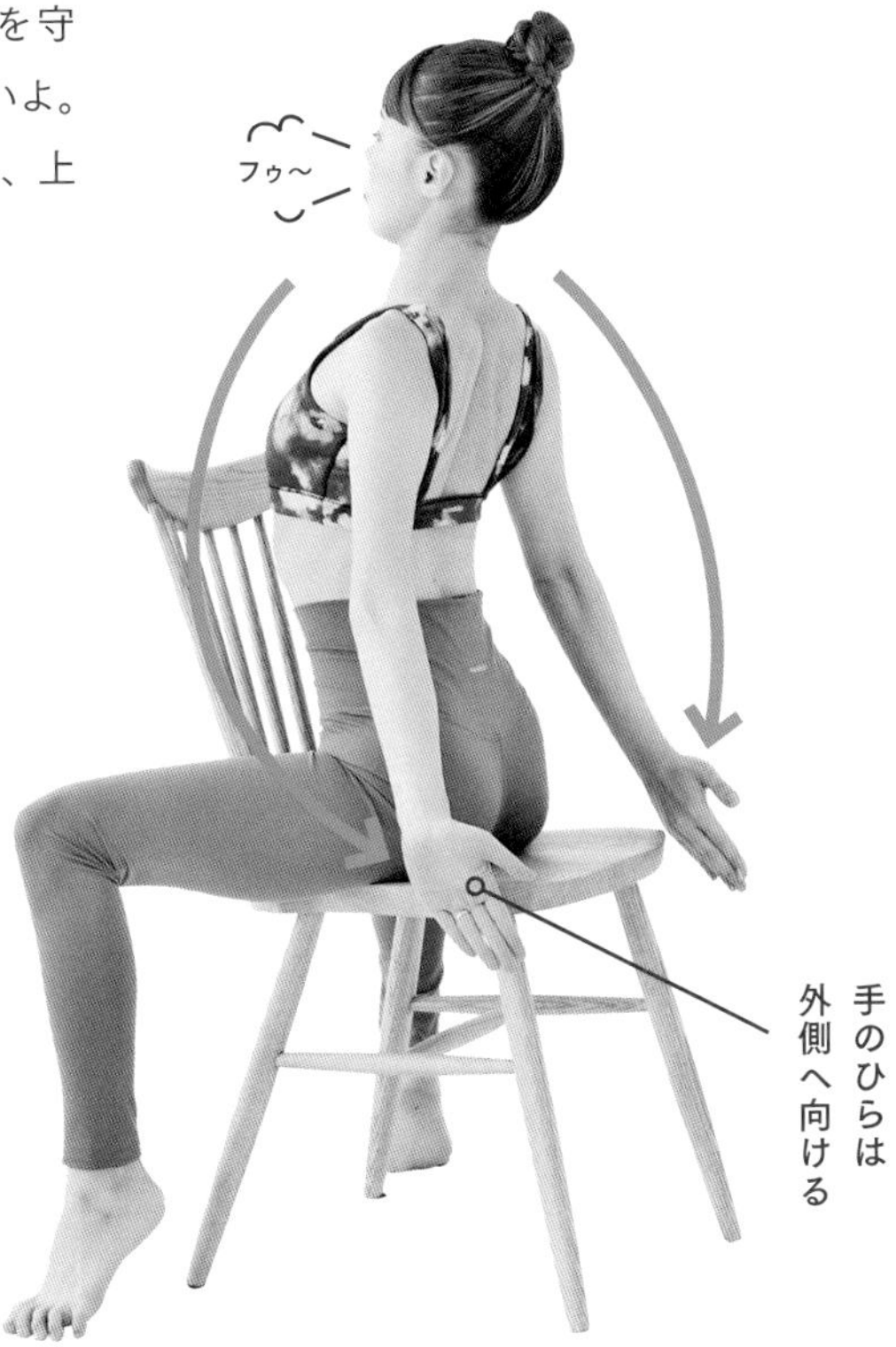

＼効かせるのはココ／

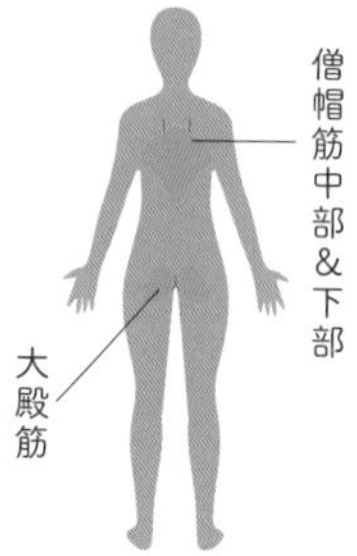

人間飛行機

10秒キープ × 3セット ｜目標｜

背筋の力で上体を持ち上げる運動。
しっかり刺激が入ります。

動画はコチラ

START

手で床を押し背中を反らせる

うつぶせになり手は胸の横に、ひじは内側に寄せ、肩甲骨は下げる。足は肩幅に広げて、かかとを内側、つま先を外側に。お尻に力が入るのを感じて。鼻から息を吸い、吐きながら手で床を押して背中を反らせて。

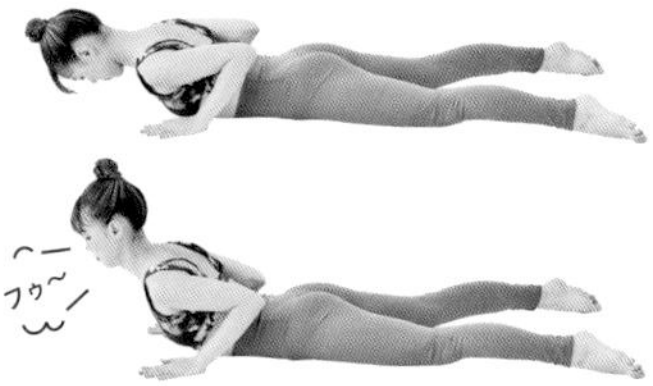

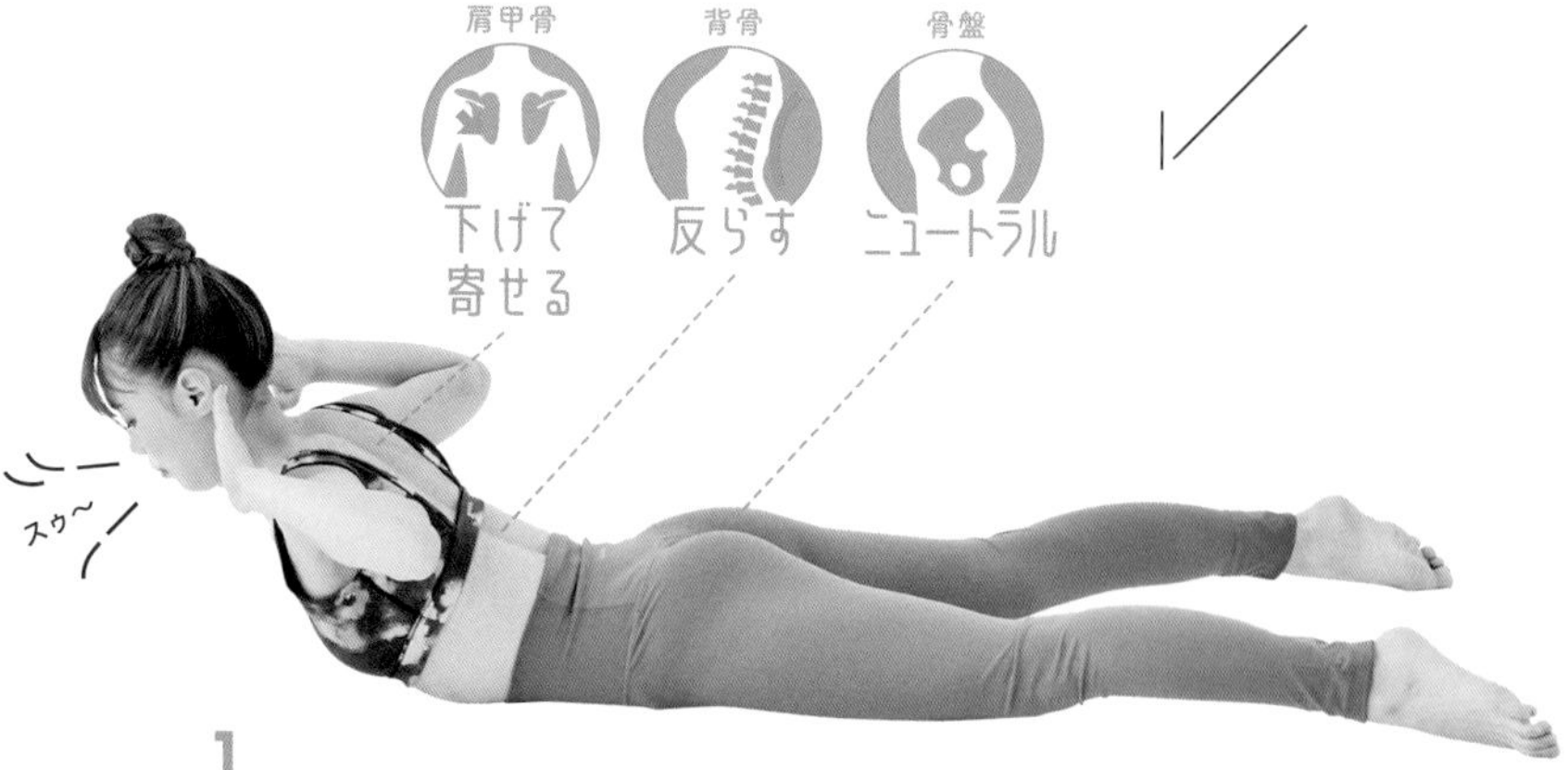

STEP 1

手を耳の後ろに当てて息を吸う

背中の上部を反らせたまま、手を耳の後ろへ。その姿勢のまま鼻から息を吸います。

まず先に、
やっておきたい
筋ほぐし

P. 64

鎖骨下ろし

P. 66

あおむけ前へならえ

STEP 2

手を横から回し
10秒キープ

おなかに力を入れたまま、手のひらを外へ向けて腕を体の横に回します。背中の力を抜かずお尻も締めてね。外ももにタッチしたまま10秒キープしたら、頭と腕を下ろしてリラックス。3セットくり返します。

× NG!

腰を反らして
あごを上げない

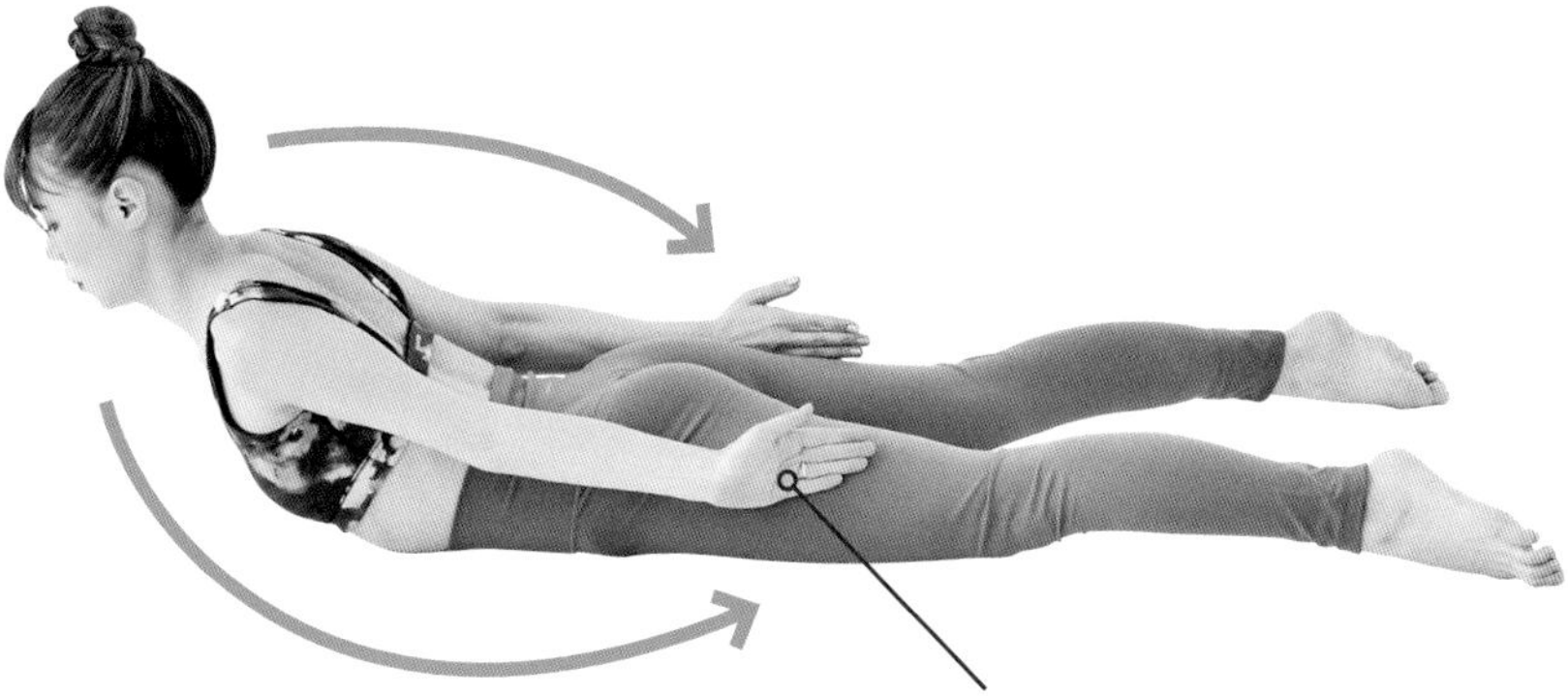

手のひらは外側へ向ける

トレーニング後の筋肉は、こわばっています。クールダウンのストレッチで血流を促し、しなやかな筋肉へ育てましょう。深い呼吸を意識して行うのがコツです。

しなやかな筋肉になる！

トレーニング後のクールダウンストレッチ

動画はコチラ

START

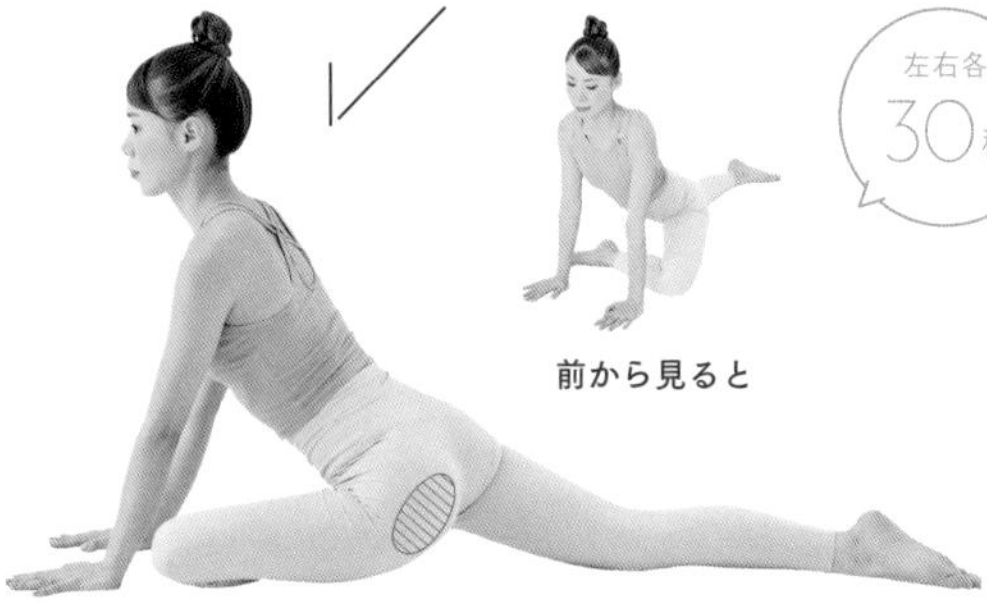

前から見ると

左右各30秒

お尻をじっくりゆるめる

弓なりお尻伸ばし

前後に大きく開脚し左ひざを外に倒す

よつばい姿勢から左足を一歩前に出し、左右の腕の間に置きます。右脚は後ろへ伸ばし、右ひざを遠くへズラして。そのまま前に出した左ひざを、外側に倒します。お尻を揺らしましょう。

30秒

手足の血流をよくする

ゴキブリ体操

手足を上げてブラブラ揺する

あおむけになり、腕と脚を上げます。ひざは曲げてOK。そのまま30秒、手と足をブラブラ揺すりましょう。

30秒

全身ゆったりリラックス

首ほぐし

顔をゆっくりと左右に向ける

あおむけになり全身から力を抜き、リラックスして深呼吸。そのまま顔をゆっくりと、左右交互に向けます。30秒続けたら、上を向いたまま30秒深呼吸します。

慣れたらチャレンジしたい！

mieyトレ1weeksプログラム

全身をまんべんなくほぐす＋鍛えて、美ボディをつくる1週間プログラム。筋ほぐしに慣れたら、ぜひチャレンジしてみて！

ココから挑戦！ 中級プログラム

	筋ほぐし	トレーニング
DAY 1	くびれ呼吸（P.30）、キャットアーチ(P.46)	耳ねじカールアップ(P.72)、正しいプランク（P.76）
DAY 2	プロポーズ（P.38）、ひざパカ（P.52）	腸腰筋スクワット（P.80）
DAY 3	首横伸ばし（P.62）、あおむけ前へならえ（P.66）	パタパタ羽ばたき（P.88）
DAY 4	キャットアーチ（P.46）	ひざ押し腹筋（P.74）、正しいプランク（P.76）
DAY 5	足組みおじぎ（P.50）、ひざパカ（P.52）	内ももひし形（P.84）
DAY 6	鎖骨下ろし（P.64）、あおむけ前へならえ（P.66）	人間飛行機（P.90）
	ストレッチ	
DAY 7	弓なりお尻伸ばし、ゴキブリ体操、首ほぐし（P.92）	

最速で結果を出したいなら… 上級プログラム

	筋ほぐし	トレーニング	ストレッチ
DAY 1	くびれ呼吸（P.30）、ゴロ寝時計（P.44）、キャットアーチ（P.46）	耳ねじカールアップ（P.72）、正しいプランク（P.76）	ゴキブリ体操（P.92）
DAY 2	プロポーズ（P.38）、ひざパカ（P.52）、ひざ上げダンス（P.54）、お姫様おじぎ（P.58）	腸腰筋スクワット（P.80）、腸腰筋エレベーター(P.82)	弓なりお尻伸ばし（P.92）
DAY 3	ゴロ寝時計（P.44）、首横伸ばし（P.62）、鎖骨下ろし（P.64）、あおむけ前へならえ（P.66）	パタパタ羽ばたき（P.88）	首ほぐし（P.92）
DAY 4	くびれ呼吸（P.30）、ゴロ寝時計（P.44）、キャットアーチ（P.46）	ひざ押し腹筋（P.74）、体育座りひねり（P.78）	ゴキブリ体操（P.92）
DAY 5	天井キック（P.36）、足組みおじぎ（P.50）、ひざパカ（P.52）	足バンザイ（P.86）、内ももひし形（P.84）	弓なりお尻伸ばし（P.92）
DAY 6	ゴロ寝時計（P.44）、首横伸ばし（P.62）、鎖骨下ろし（P.64）、あおむけ前へならえ（P.66）	人間飛行機（P.90）	首ほぐし（P.92）
DAY 7	-	-	弓なりお尻伸ばし、ゴキブリ体操、首ほぐし（P.92）

おわりに

今の時代、トレーニングや体づくりの情報はネットにあふれ、
無料でも手に入れることができます。
そのおかげもあって、自宅で行うトレーニング=宅トレは
手軽でとても身近なものになりました。
ですが、トレーナーの立場から言うと宅トレは実は一番難しい！

例えば、一対一の対面で行うパーソナルトレーニングであれば、
体のクセや運動能力に応じて必要なメニューを指導してもらうことができます。
一方、宅トレは画像や動画を利用して見よう見まねで行うため、
失敗やケガにつながることもあるのです。
きれいになるためのトレーニングが逆効果になることも……。

私も以前は、お客様の体に直接触って指導をしないと
うまく伝わらないはずだと思っていました。
ですが、思い切って有料のオンラインサロンを開き、
本書で紹介したボディメイクを座学でインプットさせ、
自分の体でアウトプットをするように指導をしたところ、
1400人弱のサロン生たちの体が
ぐんぐん変化していくのを目の当たりにしました。

自分で病気を治すことは難しいですが、自分自身の体やクセを研究して、
正しくアプローチをすれば、必ず体は変わっていきます。
多くの女性が理想のボディラインを手に入れてほしい。
この本でそのお手伝いができたらうれしいです。

micy

またね～

miey
（ミー）

骨格矯正ピラティストレーナー。バニトレプロデューサー。BODYMAKE STUDIO mieyオーナー兼トレーナー。韓国生まれ。2016年に第一子を出産。産後太りを解消しようとダイエットに励み、11kgの減量に成功。しかし体重は減っても、下半身が思うように細くならず、ボディメイクに試行錯誤する中で体作りに興味が湧き、ピラティストレーナーの資格を取得。その後ボディメイクの知識を深めるために解剖学を学び、筋肉や骨格の仕組みに沿ったメソッドを確立する。その内容をSNSで発信したところ大人気となり、YouTube登録者数19万人、Instagramのフォロワー数は38万人超えに。現在はスタジオで指導を行うほか、フィットネスウエアのプロデュースや商品開発に携わるなど、幅広く活躍中。

Instagram：@miey_bodymake
YouTube：ブスの美ボディメイク

STAFF

デザイン	月足智子
マンガ・イラスト	黒猫まな子
イラスト	内山弘隆
スチール撮影	臼田洋一郎
ヘアメイク（スチール）	土方証子
スタイリング（スチール）	西本朋子
動画撮影・編集	瀬川裕生（ゴートフィルム）
編集協力	及川愛子
編集	彦田恵理子

<衣装協力>

チャコット 0120-919-031
アイロックス（Manduka） ☎03-3821-3503
[sn]super.natural ☎03-6425-7166

“がんばり筋”をほぐせば おなかも脚も細くなる！

2021年3月2日 第1刷発行
2021年8月4日 第7刷発行

著者 miey

発行人 中村公則
編集人 滝口勝弘

発行所 株式会社学研プラス
〒141-8415 東京都品川区西五反田2-11-8
印刷所 大日本印刷株式会社
DTP 株式会社グレン

○この本に関する各種お問い合わせ先
本の内容については、下記サイトのお問い合わせフォームよりお願いします。
https://gakken-plus.co.jp/contact/
在庫については TEL:03-6431-1250（販売部）
不良品（落丁、乱丁）については TEL:0570-000577
学研業務センター 〒354-0045 埼玉県入間郡三芳町上富279-1
上記以外のお問い合わせは TEL:0570-056-710(学研グループ総合案内)